物流安全检测技术及应用

WULIU ANQUAN JIANCE JISHU JI YINGYONG

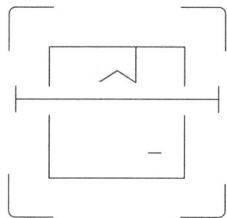

张媛　朱磊　著

化学工业出版社

·北京·

内容简介

为了推动物流业的智能化发展，本书深入研究了物流安全检测技术及应用：首先介绍了物流安全检测技术的背景和评估方法体系；然后详细介绍了基于惯性和图像的物流安全检测技术，这些技术能有效监测物流环境中的各种异常情况。此外，本书还对基于惯性、图像的检测方法进行了总结，为读者提供了丰富而全面的物流安全检测技术知识。通过阅读本书，读者能够深入了解物流安全检测与应用的最新研究成果和实践案例，从而加深对物流业智慧化、智能化发展的认识。

本书不仅适合机械工程、物流工程、交通运输工程、安全工程等相关学科或专业的科研人员、高校师生阅读，也可作为物流安全检测相关领域实践工作的参考用书。

图书在版编目（CIP）数据

物流安全检测技术及应用 / 张媛，朱磊著. —北京：化学工业出版社，2024.8
ISBN 978-7-122-45587-1

Ⅰ. ①物… Ⅱ. ①张…②朱… Ⅲ. ①物流-安全监测
Ⅳ. ①F252

中国国家版本馆CIP数据核字（2024）第090579号

责任编辑：曾　越　　　　　　　　文字编辑：张　宇
责任校对：王　静　　　　　　　　装帧设计：王晓宇

出版发行：化学工业出版社
　　　　　（北京市东城区青年湖南街13号　邮政编码100011）
印　　装：北京盛通数码印刷有限公司
880mm×1230mm　1/32　印张7¼　字数174千字
2024年7月北京第1版第1次印刷

购书咨询：010-64518888　　　售后服务：010-64518899
网　　址：http://www.cip.com.cn
凡购买本书，如有缺损质量问题，本社销售中心负责调换。

定　　价：89.80元　　　　　　　　　　版权所有　违者必究

前言

PREFACE

近年来，随着物流行业的飞速发展，一些安全问题逐渐浮现。但是，由于物流行业涉及范围广泛，需要解决的安全问题众多，为每个问题提供独有的解决方案并不现实。尽管如此，大部分物流安全问题在本质上具有相似性，可以依靠一些共性关键技术来寻求解决方案。因此，建立一个相对普适的物流安全状态监测理论和方法，实现在线、实时、定量的物流安全状态监测和评估，并使其适应不同行业的需求，具有十分重要的意义。

在需要考虑物流运输过程中的各种复杂因素，如天气、交通状况、货物性质等的前提下，建立相对普适且实用的物流安全状态监测体系可以更好地保障物流运输的安全和高效，从而提高物流的整体服务质量和效率。鉴于此，本书对物流全过程中所涉及的各种安全问题及其智能识别方法进行了系统研究并进行了应用尝试。全书共5章，每章具体内容如下：

第1章深入探讨物流安全检测技术及应用的研究背景、研究目的和意义，详细梳理了安全状态检测技术在物流领域的发展现状；第2章构建全流程物流安全检测技术的体系框架，详细介绍如何实现全流程的物流安全检测；第 3 章针对在途运输的物流安全检测，提出了一种基于惯性传感的状态监测和异常辨识的技术方案，并介绍了一套基于惯性传感的物流安全检测云平台的设计方法；第 4 章介绍基于图像识别的物流安全检测技术，可以实时监控快递分拣过程，自动识别违规操作行为和违禁寄递物品，并通过智能提醒和报警功能，提高分拣效率和质量；第 5 章对本书内容进行总结，并展望未来技术发展方向。

本书由张媛、朱磊编写。在本书出版之际，回顾多年的学术之旅和科研经历，感激之情难以言表。感谢北京印刷学院智慧物流与物联网学科方向及团队所提供的高水平、开阔、创新、实干的科研环境；感谢丁奥、黄磊、屠迪龙、杨钊、何馨韵、秦法波、杨犇、任姝珩、刘笑、王志敏、毛新宇、张艳军、李鑫等同学的辛苦付出；感谢自始至终都给予我无限关怀和支持的家人。最后，谨对为本书出版作出贡献的人们致以诚挚的敬意。

由于水平有限，书中不足之处请读者批评指正。

张媛

目 录

CONTENTS

第1章

绪论

1.1

物流安全检测技术的研究背景

近些年来，中国的物流行业发展极为迅速，几乎已经成为每家每户生活的一部分。国家标准《物流术语》中认为物流是使物品从供应地向接收地进行实体流动的过程，物流活动包括物流过程中的运输、装卸、搬运、包装、流通加工、配送、回收等功能的具体运作过程。国家统计局公布的数据显示，2021年我国的物流运输的货物总量达到了529.8亿吨，较2020年增长了12%（图1.1所示为近年我国物流运输货物量的变化情况）。然而，伴随着物流行业的快速发展，便捷性和时效性已经不再是消费者的唯一需求，消费者对服务质量的要求也越来越高，而影响着服务质量的一大因素，就是物流安全。物流安全的含义为，在物品从供应地向接收地的实体流动过程中，运输、装卸、搬运、包装等功能能够顺利完成，且在此过程中，人员、设备和环境都未受到伤害，

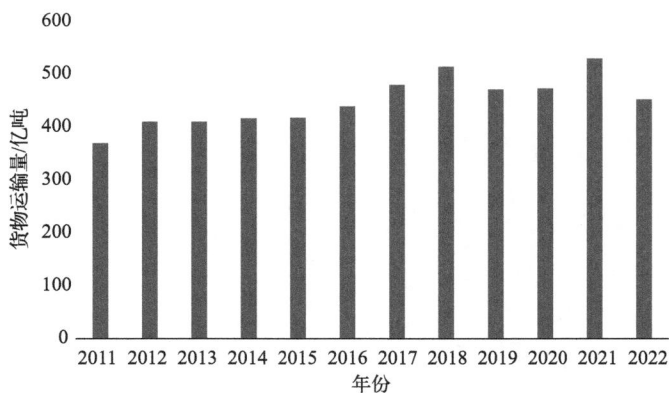

图1.1　近年我国物流运输货物量变化图

以达到最大的经济效益和社会效益。然而，物流行业极为庞大，要想达到绝对的安全是不现实的，因此，要做到物流安全，就要提高物流安全检测技术，并以所拥有的技术达到最高概率的安全化。

中国的物流行业发展至今，尽管已经在不断地出台物流安全相关的法律法规，在一定程度上提高了物流安全的水平，但物流领域的安全状态检测技术依旧不完善。针对物流活动过程中的各种安全状态检测问题，还没有成熟的技术解决方案和规模化应用。在大多数情况下，物流安全的检测情况还是依靠工作人员的手写记录，这就导致许多安全问题不能及时被发现，或直接被忽略。而且，物流行业 2009 年年初才被国务院评为十大产业振兴规划中的第十个产业，其发展速度之快，时间之短，造成了我国专业的物流安全人员的缺乏，也就导致没有足够的时间、足够的专业人员研究出成熟的物流安全检测技术。现今已经研究出的技术，也大多只被某些大型企业使用，而受成本等因素的限制，大多数中小型企业并不会选择使用，也就导致了物流安全的检测技术无法达到规模化应用。

对于物流安全检测，不同的行业也有着不同的需求，常见的有快递物流、家电物流、生鲜冷链物流、文物等贵重物品的运输等。在快递物流中，暴力分拣问题是受关注度比较高的。暴力分拣在快递物流的仓储、揽收、中转和配送等不同环节中都十分常见，这在很大程度上加大了物品损坏的可能性，不仅给消费者带去了不好的消费体验，也使行业声誉受到了很大的影响。现在，国内针对快递物流过程中的暴力分拣的判断依据为"快件分拣脱手时，离摆放快件的接触面之间的距离不应超过 30cm，易碎件不应超过 10cm"，在分拣过程中如何智能识别、判断一系列的操作是否符合规范，还需要较为成熟的物流安全检测技术的支持。装卸、搬运是家电物流实现优质运输的关键节点，由于机械化程度较低，这一环节多为人工操作，工人直接接触货物，工作时稍不注意就会引起货物损坏，造成经济损失，而在这一人工操作环节中，投掷、踩踏、脚踢等野蛮操作较普遍，这就容易造成货物外包装的损毁，进而引起货物的损坏。野蛮搬运是家电物流中造成货物损坏的最直接的原因之一，不仅提高了货物的损坏率，还使物流的服务质量越来越差。因此物流安全检测技术对家电物流行业也十分重要。相较于常温物流，冷链物流最核心的要求是对货物的温度控制。在实际运营过程中，冷链失温现象十分常见。交通运输部的数据显示，我国由于冷链失温而导致的生鲜腐损率高达 20%，而失温所带来的损失几乎是不可逆的。生鲜食品从生产地到送达顾客手中，80% 的时间都在物流运输上，而在这个过程中，温度是最重要的影响因素，一旦失温，将会造成不可逆转的损失。因此，在冷链物流运输过程中，就需要实时监测并管理其温度，来减少在此过程中失温问题的发生。在物流运输行业中，有关文物等贵重物品的运输过程十分重要，由于文物的唯一性和不可再生性，在文物的物流运输过程中，安全问题尤为重要，一旦发生破坏，将造成无法挽回的巨大损失。然而，尽管如此，因为运输不当而损坏的文物依旧不断出现，因此，物流安全检测技术在文物等贵重物品的运输过程中的应用，也尤为重要。

综上所述，由于我国的安全状态检测在物流领域尚无完善的技术解决方案和规模化应用，而各个行业对物流安全检测技术的需求很大，因此，对物流安全检测技术的研究和应用十分重要。

1.2
物流安全检测技术的研究目的和意义

物流领域所涉及的范围很广，不同行业所遇到的物流安全问题也有所不同。因此，要想解决物流领域的安全状态检测问题，就需要提出可以满足不同行业的不同需求的物流安全检测技术和应用解决方案。然而，需要解决的安全问题不计其数，给每一个安全问题都提供一个独有的解决方案显然是不现实的。而物流领域的大多数安全问题，在本质上都有一定的相似性，看似不同的问题其实可以依靠同一技术进行解决。例如，针对快递暴力分拣和家电野蛮搬运的问题，部分企业选择对工人搬运、装卸环节的操作过程进行视频监控和行为识别，但是这种视频监控的方法，只适用于一些固定场所，无法对物流全流程进行检测。而且由于其成本过高、受网络环境限制等，这种安全检测方式很难实现规模化应用。另外，国家也出台过法规，并制订了标准，以规范物流运输过程中的操作流程。但是，由于在整个物流运输过程中，缺乏透明且准确的全流程操作环境和实时状态，因此许多安全隐患无法从根本上遏制，无法做到高效精准的安全状态检测。

因此，本书针对物流领域的安全检测问题，提出一种体系化的、普适的、实用的、高效精准的物流安全检测技术及应用解决方案，此项研究主要有以下三方面的重要意义：

① 促进物流业高质量、绿色发展。我国物流业现在仍处于中高速发展阶段，顺丰、菜鸟、京东物流等一部分市场上的龙头企业，在保证自己的发展优势的同时，不约而同地都把目光放到了"高质量发展"上。不仅是这些龙头企业在加速调整，整个物流行业都迎来了变局，"高质量发展"成为上下游的共识。国家邮政局针对物流行业高质量发展提出了四个着力点，其中之一是要提升供给质量，加强事中和事后监管。要实现物流运输事中和事后的有效监管，首先需要实现全流程的物流安全检测，将货物在运输途中的各种状态做好记录，才能把责任明确到具体的时间、地点以及责任人身上。因此，实现全流程的物流安全检测，是我国物流行业实现高质量发展的重要一环。

快递暴力分拣等事件的发生，直接导致了货物的过度包装。发货方并不知晓货物在运输途中会遇到的实际情况和操作强度，为了保证货物的完整性，大部分发货方都选择了多次、重复的缓冲包装方式，这不仅造成了包装材料的浪费，还对环境造成了一定的影响。关于过度包装的问题，已经得到了国家和社会上的广泛关注。全流程的物流安全检测可以使货物在运输过程中受到的多源外界作用更加透明化，并以此为基准，进行包装模数、缓冲方式的设计和优化，形成新的更加成熟的货物包装方案，降低货物的受损率的同时，最大限度地提高包装材料的利用率，以达到节约物流包装材料的效果，从而杜绝过度包装现象的发生，减轻对环境造成的伤害，实现物流行业的绿色发展。

② 为行业监管部门提供科学的评价和管理依据。要想实现监管部门对物流运输中的安全和规范方面的有效监管，首先需要全流程的物流安全检测，实时记录货物在运输途中受到的激励和各种受损情况，以此为依据，将责任准确地归属到具体的时间、地点和对象上。因此，获取实时的货物运输环境、状态信息，以及在运输过程中发生的如暴力分拣、野蛮运输等情况的次数、程度等，从而对物流运输和服务进行规范化的定量评价。这是为行业监管部门提供科学的评价和管理依据的有效手段。

③ 提升产品制造和物流等相关企业的经济效益。在货物的物流运输中，其包装成本约占总成本的 15% ～ 20%，如上所述，全流程的物流安全检测可以极大地减少包装材料的使用，从源头上减少产品制造和物流等相关企业的包装成本。不仅如此，减少使用包装材料还会使其重量和体积变小，从而降低了运输的成本，还提高了运输效率。另外，对于占据了大部分市场份额的部分上市物流公司来讲，实现物流的绿色发展，保证企业监管的实施，也有利于优化企业形象，提升企业的市值。

1.3
物流安全检测方法和技术的发展及应用现状

物流安全是为了保证物品从供应地向接收地的实体流动过程中的运输、储存、装卸、搬运、包装、流通加工、配送、信息处理等基本功能的顺利实现，使其免受人员伤害、疾病或死亡的影响，没有造成设备、财产的破坏或损失，确保最大的经济和安全效益。物流安全是一个关键问题，物流安全检测技术的发展和应用是不断提高物流安全性和效率的重要手段。物流安全涉及货物在运输、仓储和配送等环节中的安全保障。为了保障物流安全，需要利用各种检测方法和技术，对货物进行全面、准确的检测和监测。本书将对物流安全检测的方法技术和应用两方面的研究现状进行分析。

1.3.1 方法和技术研究现状

快递物流行业属于起步时间晚、增长方式粗放的新兴行业，因此在其成规模、成体系之前，即 2010 年之前，面向这一细分领域的针对性学术成果并不是很多。但近 5 年，随着学者们对快递行业的关注度越来越高，相关研究成果也正逐步丰富。

在快递物流运作环境监测方面，现有技术多基于视频监控进行固定场景监测，目前尚无全流程快递物流运作环境监测的公开针对性研究成果。本书研究的具体方法主要涉及四个方面：一，通用物流领域内的物流过程中状态监测技术及系统研发；二，物流过程中的振动和冲击分析方法研究；三，货物在途和固定场所的动作和行为识别方法研究；四，本书拟采用的快件状态特征获取和异常辨识相关算法研究。以下分别从此四方面对国内外研究现状和趋势进行分析。

（1）物流过程状态监测技术及系统

物流过程状态监测技术及系统可以实现对物流环节的实时监控和数据分析，发现物流环节中的问题和瓶颈，进而及时调整物流计划和资源配置，提高物流效率和运输速度。通过物流过程状态监测技术及系统的应用，可以实现对物流过程的精细化管理，降低人力资源和物力资源的浪费，优化物流运作流程，从而降低物流成本；可以提供更加精准的物流信息和数据，提高物流信息的可靠性和透明度，实现物流服务的可视化和智能化，提高服务质量和客户满意度；可以实现对物流环节的资源优化配置，降低能源消耗和环境污染，提高物流运作的可持续性，符合现代物流发展的趋势和要求。

关于物流过程状态监测技术，有学者专门针对传统运输状态信息的采集和压缩方法进行了研究。刘磊等针对贵重物品的储运环境，设计了一种微体积、低功率、智能触发、可长时间稳定工作的智能标签来收集环境信息，并能够对意外情况进行报警处理。许富景等为解决储运监测过程大数据、低功耗的难题，利用储运信号稀疏性，提出随机节点设计和随机事件采样方法，重构还原了整个储运过程的信号。

关于物流状态监测系统开发，多数研究关注集装条件下多传感器的物流信息融合和软硬件实现。李宝龙等设计了特种集装箱内环境参数信息的监测控制系统，实现了车辆驾驶室与集装箱监控系统的通信。Choi Hyung Rim 等提出了一种基于 IP-RFID 的集装物流监测技术，实现海、陆等多物流场景下的温湿度、振动、开关等信息的实时采集和传输。Jiří Tengler 等研发了可采集物流过程中运动、振动、加速度、温湿度等信息的多传感器信息融合系统，将其置于智能包装中可实现物流过程的实时监测。

在快递物流领域，面向快递物流的物流过程状态监测技术研究以硬件系统研发为主，尚较粗浅。现有的快件状态识别多是在寄递完成后，以较直接的观测方法判定其是否完好。

上述物流过程状态监测方法大多针对传统物流方式，且多用于仓储和基本运输信息收集，无法良好适用于运输多环节、作业场景多、快件品类多、工具类型多、设备和人工操作方式野蛮且灵活、固定和移动场景变换频繁等特点显著的现代快递行业。

关于在途运输的货物状态监测方法，相关研究大多仍停留于在途状态数据的采集、传输等软硬件系统开发层面，仅有少量研究采用了基于压电传感器或惯性传感器对货物是否发生倾覆、翻滚等动作进行识别算法研究。虽然动作识别相关成果与本书所研究的初衷和学术思想较为一致，但现有研究多基于实验室数据且理论深度有限，未考虑到实际物流过程中的不确定性条件及物品多类型混杂异常的细化辨识问题。而且，现有研究中未见有货物状态/动作与其所受的激励间映射关系的相关研究，也未涉及人工的操作行为对快件状态的影响，故而无法满足对实际快递物流中快件状态的监测需求。

（2）物流过程振动和冲击检测及分析

物流过程中的振动和冲击会对货物造成损害，因此对其进行检测和分析非常重要。进行物流过程振动和冲击检测及分析的目的在于保护货物，降低货物损坏率，提高物流过程的效率。物流过程中的振动和冲击会对货物造成损坏，特别是对易碎、昂贵或敏感的货物。通过检测和分析振动和冲击数据，可以确定货物可能受到的损坏程度，从而采取相应的措施，例如改变包装或运输方式，以保护货物免受损坏；通过对振动和冲击数据的监测和分析，可以及时发现并解决可能对货物造成损坏的问题，降低货物损坏率，减少损失和成本。物流过程中的振动和冲击也可能会影响物流过程的效率，通过检测和分析振动和冲击数据，可以确定运输方式、路径和包装对振动和冲击的影响，以便对物流过程进行改进和优化，提高效率并降低成本。货物损坏可能会对产品质量和安全造成威胁，通过检测和分析振动和冲击数据，可以及时发现问题并采取措施，以确保货物质量和安全。物流过程中的振动和冲击是一个很常见的问题，但很多企业对于其产生的原因和程度并不了解。通过对振动和冲击数据的分析，可以了解在物流过程中货物所遭受的振动和冲击程度，从而更好地了解物流过程中的问题，为企业的后续运营提供更好的参考和改进意见。在一些行业中，如食品、医药和化工等行业，货物质量和安全性非常重要。这些行业通常有着相应的行业标准和法规来确保货物的质量和安全。进行物流过程振动和冲击检测及分析可以帮助企业符合相关标准和法规，从而降低违规风险。

目前，该方面研究主要面向运输包装和集装箱货物的随机振动响应检测和特征分析，采取的研究手段大多为动力学分析或疲劳寿命分析。徐欢等通过五点平滑处理并通过数字滤波与FFT变换结合的方法对集装箱物流运输的振动特征进行分析，基于振动特征使用D-S证据理论识别集装箱火险、倾翻等异常状态。孙君等研究不同加速度激励谱型、不同振动等级和不同约束方式下啤酒瓶周转箱的随机振动响应规律，发现随机振动下啤酒瓶和周转箱的加速度峰值分布更趋近于weibull分布。王志伟等研究了随机振动下包装件加速度响应的频域和时域特征，讨论了包装件跳动及缓冲材料非线性对包装件加速度响应的影响。江春冬等研究了随机振动下产品的破损机理，采用线性累积损伤理论对产品进行了振动疲劳计算。Wang在离散包装产品线性随机振动的框架下，提出了一种基于响应加速度功率谱密度的运输包装加速随机振动测试方法，使得运输振动情况更易于测量。Renata通过对物流过程中的振动状态进行仿真模拟，提出了一种含一般黏性阻尼和简谐激励的半挂车垂直方向动力学的解析方法。Zhong 通过精心设计的测试包，对我国具有代表性的快递运输环境进行了测试，分析了测试包的跌落高度和方向，阐明了测试包在运输过程中的冲击水平。Zhou 针对干线运输和配送这两个我国快递中的环节，分别对重型卡车、中型卡车、轻型货车、两轮电动自行车进行了振动水平分析，分析了在我国南方的主要地理环境下的不同车型的主要振动信号成分。Huart Victor 提出了根据振动情况分析预测货物破损情况的方法，根据包装系统的 Wohler 曲线，使用 Basquin 模型描述货物外包装的磨损变化情况，并使用 Palmgren-Miner 规则通过应力循环的累积来估计包装损坏。

可见，虽然物流运输过程中的随机振动和冲击检测相关研究成果能够深入分析获得货物破损机理，对本书研究中的快件振动、姿态等状态数据的分析和实时状态特征提取等相关内容的研究具有一定借鉴意义，但此类成果多为静态机理分析，在实时异常状态辨识方法和技术实现方面尚有待突破。

（3）货物在途和固定场所的动作和行为识别方法研究

随着物流业的发展和科技的进步，智能物流已经成为未来的趋势，货物在途和固定场所的动作和行为识别方法是实现智能物流的重要基础。通过对货物在途和固定场所的动作和行为进行识别和监测，可以实现物流信息的实时追踪和监控，提高物流的效率和可靠性。货物在途和固定场所的动作和行为识别可以帮助监测和防范货物的丢失、损坏和被盗等安全问题。通过对货物在途和固定场所的动作和行为进行实时监测和预警，可以及时发现并处理安全问题，保证货物的安全。货物在途和固定场所的动作和行为识别可以帮助物流企业实现对物流过程的全面监控，发现物流过程中的问题和瓶颈，并采取相应的措施进行优化，降低物流成本和提高效益。货物在途和固定场所的动作和行为识别是物流企业实现信息化和智能化的重要手段，可以提高企业的运营效率和服务质量，增强企业的竞争力。

① 在途的货物动作识别方法研究。在途的货物动作、行为和姿态识别主要基于各种物流监测系统所采集的多传感器数据进行分析处理和模拟辨识。目前，物流状态监测系统的软硬件开发已经比较成熟，先进的感知、定位和无线通信技术的应用较好地解决了货物状态数据的获取问题，但其应用仍多集中在生鲜冷链以及危化品、易碎和贵重物品的物流运输中，在面向普遍服务的快递物流中鲜有成熟应用案例。

货物在途过程中的动作、行为和姿态的识别研究方面，近 3 年来逐步有学者关注并进行了相关研究。Chuang 等将压电贴片式力传感器附着在货物包装上，采用蓝牙将实时数据传输到云端，以电压信号为依据判断货物包装是否遭到损坏，进而实现货物在途的实时状态监控。Wu 等提出了将决策树聚类用于识别不同重量货物的正 / 异常状态的方法，并进一步细分了翻转、移动、抖动、撞击等异常状态类型。王邵丹提出采用基于信号强度的加权质心定位算法对货物附着标签进行三维定位，在获取姿态数据后采用决策树分类方法对姿态数据进行划分，以判断货物的异常行为，在此基础上又提出一种基于六轴加速度传感器的在途危险品行为姿态检测方法，分析并设计特征向量和决策分类器，实现了在途危险品的行为姿态分类。Kim T H 等针对海上集装箱的在途状态监测问题，使用 IP-RFID 技术对船舶货柜中的集装箱的系统运行状态进行了监测。在暴力分拣行为识别方面，笔者所在团队近年来也在持续开展研究，提出了基于惯性传感数据和深度神经网络的高精度辨识方法，已取得初步成果并在实际场景中进行了初步验证。

此方面研究大多采用基于压电传感器或惯性传感器进行货物是否发生倾覆、翻滚等动作进行识别，与本书研究的初衷和学术思想较为一致，但其成果多基于实验室数据且理论深度有限，未考虑到实际物流过程中的不确定性条件及多类型耦合异常的细化辨识问题。同时，此类研究成果并未针对我国快递物流全流程各环节的作业特点，技术和方法在快递物流领域的适应性尚待验证。

② 固定场所的异常操作行为辨识方法研究。在固定场所的异常操作行为辨识方面，现有研究大多采用了视频监控和图像分析的方法。早在 2013 年，我国就有学者基于计算机视觉对快递物流中的"暴力分拣"行为进行了识别，但其并未在快递行业和企业推广应用。2018 年以来，这一方向逐渐受到国内外学者尤其是国内快递企业的重视，顺丰、韵达等纷纷申请了相关发明专利，德邦也与华为合作进行了系统研发和应用。

吴蓬勃等设计了一款基于树莓派 +EdgeTPU 的快递暴力分拣人体行为视觉识别系统，基于 Tensorflow 深度学习框架，使用 PoseNet 模型实时采集人体姿态数据，通过 LSTM+Attention 模型实现人体动作识别，结合 MobileSSD 进行场景识别，最终实现暴力分拣人体行为视觉识别。

(4) 快件状态特征获取和异常辨识方法

快递行业是现代物流行业的重要组成部分，而快件状态特征获取和异常辨识方法是保障快递服务质量和客户满意度的关键技术。快件状态特征获取和异常辨识方法可以实现对快递运输过程的实时监控和数据分析，及时发现快递运输过程中的异常情况，并采取有效措施处理，从而提高快递服务质量和客户满意度。通过快件状态特征获取和异常辨识方法，可以提高快递运输过程的可视化和智能化，实现物流过程的精细化管理和资源优化配置，降低人力和物力资源的浪费，从而降低快递运输成本。快件状态特征获取和异常辨识方法可以实现对快递运输过程的精细化管理和监控，提高物流运输效率和运输速度，从而更好地满足客户的需求。快件状态特征获取和异常辨识方法是现代物流行业数字化转型的重要组成部分，通过数字化技术手段实现物流信息化、智能化和可持续化，提高物流行业的竞争力和创新能力。

快件状态特征的获取是其进行状态监测和异常辨识的前提条件。尽管目前的深度学习方法可直接输入原始数据由深度学习模型构造出抽象特征，但是高维原始数据直接输入会导致模型结构冗余、训练计算量大、鲁棒性差等问题，且所获得的抽象特征缺乏可解释性。因此，特征获取是建立有效机器学习模型的关键步骤。特征选择算法一般可分为过滤器、包装器和嵌入式方法三类。前向选择、后向消除和递归特征消除是一些最常用的顺序特征选择方法。目前国内外已有不少学者在特征获取方面取得了不错的研究成果。Yu 等人利用 IMU（惯性测量单元）收集包裹运动状态数据，然后对运动状态数据提取特征，最后利用聚类和决策树融合的算法识别包裹静止、运动、冲击、翻滚四种状态，取得了不错的效果。Zhou 等提出了一种新的特征选择算法，将其置于决策树前处理冗余和不相关特征，从而提升分类效果。Celaya-Padilla 等人设计了一种基于遗传算法的特征选择策略，其特征选择范围包括时域波形的均值、方差、标准差、峰度、偏态、最大值和动态范围。Huang 等人通过联合执行主动特征查询和监督矩阵完成来训练一个具有最小获取成本的有效分类模型，在完成特征矩阵时，提出了一种新的目标函数，以同时最小化观测条目的重建误差和训练数据的监督损失，当特征承担不同的获取成本时，提出了一种双目标优化方法来进行成本感知的主动选择，理论分析和实验研究都很好地验证了所提出方法的有效性。Hajin Shim 等人提出了一个统一的框架来联合执行矩阵完成和主动特征获取，引入了一种双目标优化方法来处理不同特征的获取成本不同的情况，实验结果验证了他们的研究成果的优越性。Valancius 等人开发了一种新的主动特征获取（AFA）方法，即研究如何依次获取动态（基于每个实例）特征子集，从而最大限度地降低获取成本，同时仍能产生准确的预测，他们发现可以通过一种新的、非参数的基于预言机的方法来绕过其中的许多挑战，将其命名为获取条件预言机

（ACO），并得出结论，在获取预测和一般决策的特征时，ACO 优于最先进的 AFA 方法。Hu 等人优化了灰狼优化器（GWO），成功地在 UCI 数据集中实现了特征选择，并在很少特征的情况下获得了较低的分类误差。J Too 等人提出了用于包装器特征选择的原子搜索优化（BASO）的二进制变体，使用粒子群优化（PSO）、二进制差分进化（BDE）、二进制蝙蝠算法（BBA）、二进制花朵授粉算法（BFPA）和二进制沙普群算法（BSSA）来评估所提出的方法在特征选择中的有效性和效率，得到结论，所提出的 BASO 不仅在高预测精度方面具有优势，而且在选择的特征数量最少方面也具有优势。Li 等人提出了一种新颖的基于特征向后剔除和互信息的异物入侵检测特征选择方法，该方法考虑了特征之间的关联性，提高了分类器的性能。

为充分保留原始特征信息、增强特征的可解释性、有效降低数据维度，在综合对比了各类特征选择算法后，本书选用了特征向后剔除策略。特征向后剔除策略（backward feature elimination，BFE）是一种经典的特征选择方法，从完整的特征集开始，通过检查预测的准确性，逐个去除特征。BFE 算法已经在许多领域得到了广泛应用，包括机器学习、数据挖掘、图像处理、自然语言处理等。

快件异常状态的辨识属于典型的多尺度、多标签分类问题。深度学习方法在处理这类问题时展现了优越的性能，除了在图像/视频识别领域大放异彩之外，近年来在语义分析、故障诊断等领域也愈受青睐。其中，基于回归思想的 YOLO (you only look once) 检测网络因结构清晰、实时性好等优点广受重视。YOLOv3 是 YOLO 的第三版改进算法，其加入了多尺度辨识和基础分类网络，在保证实时性的同时进一步提高了检测精度。尽管 YOLOv3 代表了当前最先进的检测算法，但是在处理不均衡和过拟合问题上仍有局限性，诸多学者也积极尝试对其进行改进。颜宏文等对 YOLOv3 的损失函数进行了改进以克服样本复杂度不均衡问题。

杨观赐等改进了 YOLOv3 特征提取模块的结构以防止信息丢失和提高小尺度目标识别精度。Zhang 等构建了简化的 23 层 YOLOv3 网络并引入迁移学习进行训练，以提高变尺度特征的识别正确率。Yao 等采用扩大卷积和注意机制改进了 YOLOv3 检测算法，并用于肺部 X 射线图像的肺炎识别。综上，为适应快件异常状态辨识的精度和实时性要求，有针对性地解决快件异常状态辨识中的双重不均衡和网络初值设定问题，本书拟研究 YOLOv5 网络结构简化方法和基于损失函数及迁移学习的训练算法。

上述现有的研究成果，大多还停留在对货物运输途中的状态采集、监控方面，仅适用于一些物流分拨中心等大型固定场所，无法覆盖物流运输过程的全流程。目前的研究成果只能监控到运输途中存在的不当行为和安全隐患，却无法进行定量分析，也就无法提供充足的科学依据来满足包装优化的需求；仅对操作工人的不当行为进行了辨识分析，却忽视了在此过程中机械设备对货物造成的损伤。由此可见，目前已有的研究成果只能对部分环节和对象起到作用，无法保证全流程的安全状态检测需求，因此，亟须提出一套完整的物流安全状态检测技术和解决方案。

1.3.2　应用现状

物流安全监测是物流行业中非常重要的一个领域，它涉及货物的安全和顺畅运输，对于企业和消费者来说都具有至关重要的意义。随着科技的发展和应用的不断深入，物流安全监测的技术手段和应用范围也在不断拓展和完善，使得物流行业的安全性和效率得到了显著提升。接下来，将介绍当前物流安全监测的应用现状，探讨相关技术和手段在实际应用中的效果和优势，以期为物流行业的从业者和消费者提供更多有益的信息和参考。

图 1.2 所示为苏州富港工业检测技术有限公司 ISTA6 系列测

试中的 ISTA 6-AMAZON.COM-SIOC 测试程序中用到的一个测试设备。该程序由 ISTA（国际安全运输协会）与亚马逊合作开发，其测试类型共分为 A ～ H 八种，这八种测试类型的主要测试项目有温湿度预处理（包装件与实验室环境温湿度平衡）、温湿度处理（模拟运输过程中可能经历的温湿度环境）、冲击（自由跌落、旋转棱跌落、旋转面跌落、旋转角跌落、桥式冲击、集中棱冲击、倾斜、斜面冲击）、随机振动（带顶部负载、不带顶部负载）、压缩（垂直、水平）、泄漏测试。具体采用哪种测试方式由包装件重量、商品类型、搬运方式以及配送方式决定。该测试程序考量的是产品从供货方发到终端客户的包装性能，一般情况下对于同一产品多件组成的集合包装只需抽取一件测试，但此程序对运输中的商品有易碎和非易碎品之分，易碎品包括但不限于玻璃制品、陶瓷制品、瓷器、黏土制品、液体、在高温下可能变成液体的固体，当产品是易碎品且测试类型为 A 时，需测试 5 件产品。该测试程序可以减少产品的损坏和流失，以保证产品价值，节省分销成本，减少和消除索赔争议，缩短包装开发的时间，增强市场投放信心，提高客户满意度，保持业务运作。

图1.2　ISTA 6–AMAZON.COM–SIOC测试设备

纸箱抗压强度是决定纸箱质量好坏的重要因素，通常在纸箱生产前会对其进行含水率测试和抗压测试。含水率是指原纸或纸板中水分的含量，含水率对纸箱箱体的强度有很大的影响作用，因为若水分含量过高，则纸质就显得柔软、挺度差，压楞和黏合质量也差，而水分明显低于下限标准值时，纸质过脆，压楞时就容易出现破裂现象，且耐折度也差。纸箱的堆垛能力是关系到运输及存储过程中是否易发生倒垛、底层的货物是否被挤压变形的重要因素。通过纸箱抗压试验，可以确定所检测的纸箱试样在目前的堆码状况下能否满足使用要求，从而为企业决定产品的堆码方式提供一定的参考。图1.3所示为纸箱抗压强度测试的机器，该机器用于检测纸箱的质量，适用于瓦楞纸箱、蜂窝板箱等包装件的耐压、形变、堆垛试验，并兼顾纸桶、纸盒、纸罐、集装容器桶（IBC桶）等容器的抗压试验；用于模拟包装件在运输、装卸过程中受跌落冲击的影响程度，鉴定包装件的耐冲击强度及包装设计的合理性。

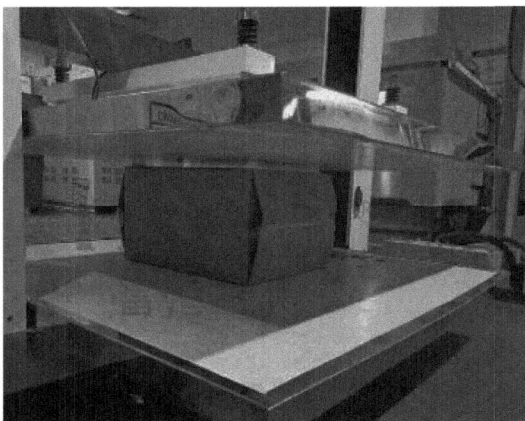

图1.3 纸箱抗压强度测试

家电一般都是大件，如冰箱、电视、洗衣机、空调等。大件物流由于体积大，其搬运一般是机械加人工，这样的场合下包装件发生跌落的情形就比较多，发货前进行一个自由跌落测试就变得十分必要了。另外，为了增加装载率，底层包装承受的压力大，易损坏。在一些电商平台有特有的运输验证标准，例如亚马逊平台对电视就有专用的测试程序，从电视的本身包装特点及物流方式做了针对性的验证方案，内容包括环境温湿度测试、自由跌落测试、垂直压力测试、水平压力测试、随机振动测试、集中冲击测试、倾翻测试、棱跌落测试等，从不同的破坏维度进行了验证。上述所介绍的 ISTA 6-AMAZON.COM-SIOC 测试程序非常全面，能够覆盖多种不同类型的检测需求，检测周期很短，能够快速地向客户提供检测结果，大幅缩短了客户的等待时间，且该程序具有一定的专业性，能够保证检测结果的准确性和可靠性。但它不能将数据反馈给用户，不能让用户清楚知道哪个环节出现了问题。

　　深圳市一通检测技术有限公司公开了一种可调节高度的跌落放置台，如图 1.4 所示，该装置包括机架、跌落结构和上调节结构，机架的中部垂直固定有导轨，且导轨的两端滑动连接有滑块，下端滑块的上端设有支架，且支架的上端有固定平台，固定平台的两侧上端设有伸缩杆，伸缩杆的上端设有跌落结构，滑块沿着固定平台的中部架设有上调节结构，跌落结构包括横台面、折板、限位座和液压杆，且横台面的一侧通过铰链连接折板，折板的下表面中部固定有限位座，横台面的下表面中部固定有液压杆。

　　跌落试验台主要适用于测试产品包装后，遇到坠落时的受损情况，评估部件在搬运过程中落下时其耐冲击强度。跌落试件可事先自由选择面、棱、角三种状态跌落试验。跌落放置台在使用中货物角掉落采用直线掉落方式。在货物坠落中，水平 / 垂直角掉落其实是小概率事件，触碰和投掷货物等对货物施加不平衡力的时候，往往货物是一个旋转或者是一个非水平下的掉落。在模拟货物掉落过程中，旋转下落也是货物角掉落的一种方式，而大多放置台是不具备货物旋转下落的模拟的，该可调节高度的跌落放置台可满足货物旋转下落模拟的需要，具有操作方便，能够满足多种不同类型的跌落测试，能够完成多种不同尺寸的货物的跌落测试的优点。同时，它也存在着发挥空间受限制，不能随着货物实时检测周边环境的缺点。

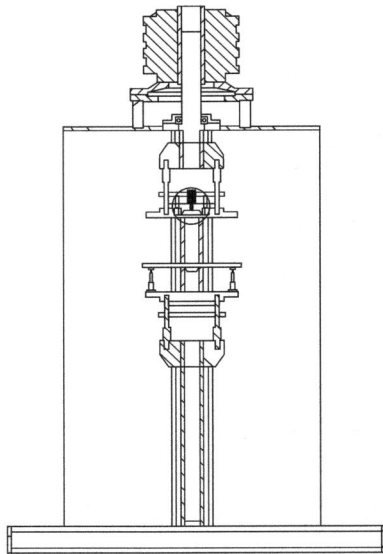

图1.4 可调节高度的跌落放置台

温湿度监测记录器是利用温湿度传感器来测定当前环境的温度和湿度，以确定产品生产或仓储的环境条件，可以记录数据的变化，适用于温室、仓库、食物运输、机舱、艺术馆和博物馆等，在冷链物流中最为常见。在冷链物流中要确保蔬菜或者瓜果的新鲜度以及温湿度，不然等运输到目的地时，运输的货物已然损坏，造成严重的经济损失，因此使用温湿度监测记录器势在必行。虽然温湿度监测记录器的种类很多，但是依然无法满足使用者的需求。现有的温湿度仪表无法便捷地实现长时间固定该仪表，不利于实时检测数据变化，因此不利于医疗冷链的运输。彭生奇发明了一种冷链设备用的智能仪表以解决上述问题，如图1.5所示。该智能仪表包括机体、气管及线路板，其特征在于，机体的一侧顶端安装有显示屏，机体的另一侧设有卡块，显示屏的底端有语音孔，语音孔的下方有按键，机体的底端中间部位安装有抽风机，卡块的底端安装有固定块，固定块的中间部位有凹槽，卡块与所述凹槽嵌合连接，固定块的两端分别设有螺孔，机体内壁的一侧设有线路板，抽风机的顶端与气管的底端管道连接，气管中间部位安装有检测器，气管的顶端与机体的内壁顶端管道连接，检测器的一侧安装有语音播放器。此检测器包含温度检测器和湿度检测器，对冷藏室内部的空气湿度及温度做出监测。线路板上的蓝牙传输模块可以与终端连接，便于工作人员时刻监测。显示屏可以显示出数值变化。语音播放器可以通过语音播放信息及进行警报。按键可以控制机体内部电子仪器的工作状态。

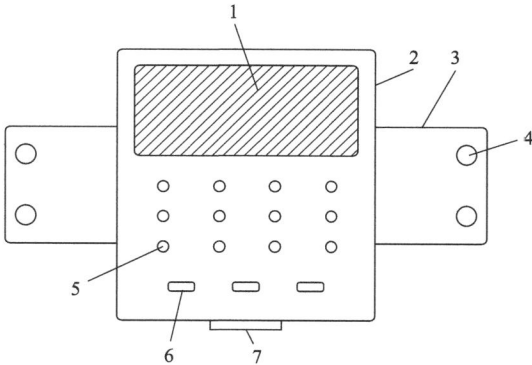

图1.5 冷链设备用的智能仪表
1—显示屏；2—机体；3—固定块；4—螺孔；5—语音孔；6—按键；7—抽风机

由于现有技术中对物流包裹的检测做不到彻底的全方位检测扫描，有不法分子试图在常规商品中夹杂违禁物品想通过物流包裹进行输送。为此，周斌等人发明了一种可对物流包裹进行全方位扫描的物流包裹安全检测装置，如图 1.6 所示。该检测装置包括检测仓、软质的胶板、传送带、侧移组件、跳板、斜坡、滑道、连接板和送料台，滑道设置有多个，且各个高度不一，靠近检测仓处的滑道位置更低，多个滑道之间通过倾斜的连接板固定，送料台固定连接在检测仓远离滑道的一侧，跳板与滑道之间连接有斜坡，传送带位于跳板远离斜坡的一侧，跳板上设置有转板。与现有技术相比，该装置的优点主要有两点：第一，初始状态下胶板位于转板上，包裹被移动至转板上时，胶板上的各部件开始工作，从而将包裹进行包覆，形成圆柱结构，此圆柱结构运动至滑道后沿其向检测仓方向滑动，直至检测完成滑动至送料台被送至外界，完成对包裹的全方位安全检测；第二，两个锁止电机继续交替工作，即一侧的锁止电机工作时，另一侧的锁止电机停止工作，由于绕线轮分为上下两部分，而下轮体无法继续转动，故而会带动上轮体转动，然后推杆工作带动同步滚轮向下运动并与上轮体和泵气轮接触，使得两侧的泵气轮交替转动，从而带动泵气绳交替向两侧运动，使得活塞板在内腔内往复滑动，从而将外界的空气泵入气室内，对包裹进行严密的包覆，避免包裹从已经形成圆柱形的胶板内滑出。

在电子商务中，物品大多通过物流进行运输，在进行运输前，通常需要对其内部的物品进行检测，确保物品中不存在危险品，然而现有的物流安全检测装置在使用时仍然存在一些问题。现有的物流安全检测装置大多时候将物流包裹放置在输送带上，使包裹经过检测仪对其内部的物品进行检测，然而无论是从侧面检测还是从底部检测，当包裹内部的物品过多时，可能形成影像重叠，使得物品影像较为模糊，影响检测的效果，同时由于包裹不断

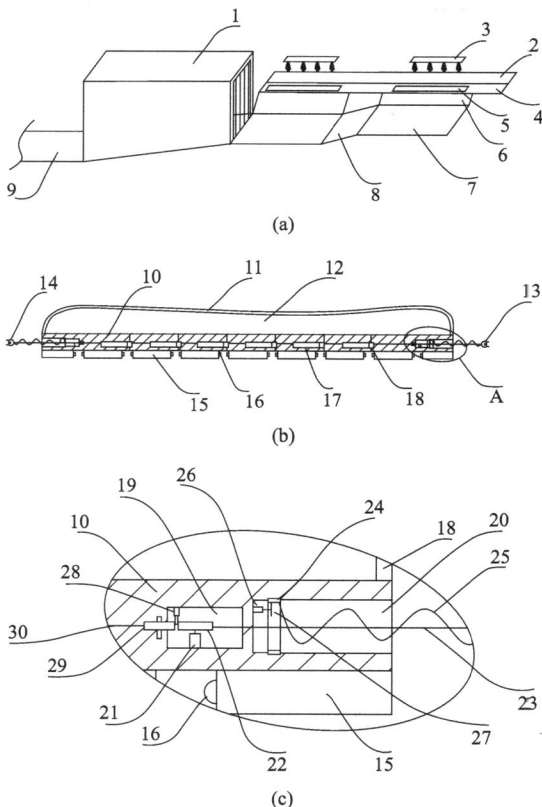

(a)

(b)

(c)

图1.6　物流包裹安全检测装置

1—检测仓；2—传送带；3—侧移组件；4—跳板；5—转板；6—斜坡；7—滑道；
8—连接板；9—送料台；10—胶板；11—液膜；12—气室；13—公头；14—母头；
15—单位板；16—电磁铁；17—内腔；18—活塞板；19—侧腔；20—边腔；
21—锁止电机；22—绕线轮；23—锁紧绳；24—齿圈；25—弹簧绳；
26—扰动电机；27—扰动齿轮；28—推杆；29—泵气轮；30—泵气绳

地向右输送，易堆积在放置台靠近输送辊的一侧，影响后续包裹的输送。因此，耿选珍等人发明了一种电子商务物流包裹安全检测装置，该装置在进行检测时，会将包裹顶起，利用检测仪向上倾斜从而能够对包裹的底部进行检测成像，提升检测的效果，且放置台内倾斜设置的转动辊能够避免包裹堆积在靠近输送辊的一侧的情况出现，同时在包裹左移时，能够喷洒消毒液对包裹进行消毒处理，避免包裹上携带病毒，导致运输时造成交叉感染的情况出现。

该包裹安全检测装置如图 1.7 所示。该装置与现有技术相比，通过顶板的上下移动，能够带动包裹上下移动，从而在一定程度上能够使多台检测仪向上转动，对包裹的底部进行检测成像处理，避免由于物品堆叠导致底部物品成像模糊、检测效果较差的情况出现；通过多个转动辊倾斜阵列设置，包裹进入放置槽内后能够自动向左滑动，从而避免包裹积攒在放置台靠近输送带的一侧，导致后续包裹积攒在输送带上的情况出现；在转动辊转动时，会带动活塞上下移动，将消毒液喷洒在包裹上，对包裹进行消毒处理，避免包裹上残留病毒导致后续包裹运输过程中运输人员出现感染的情况。

在各种物流工作中，冷链物流的要求比较高，相应的管理和资金方面的投入也比普通的常温物流要大，现有技术中虽然可以适应性地对冷藏物品在冷链物流的情况下保证其需要的冷藏温度，但是在实际运输中会产生一些突发情况导致冷藏箱内的制冷装置失效（例如在人工搬运货物时忘记关闭箱门，或者电路损坏导致制冷装置失效），并且内部的状况无法监测，造成巨大的财产损失。因此，万玉龙等人发明了一种冷链物流风险安全监测设备来解决上述问题，如图 1.8 所示，该设备包括冷藏箱、箱门、门把手、报警灯、抽水组件、透明挡板、蓄水仓、浮板、吸水组件和自动关门组件。

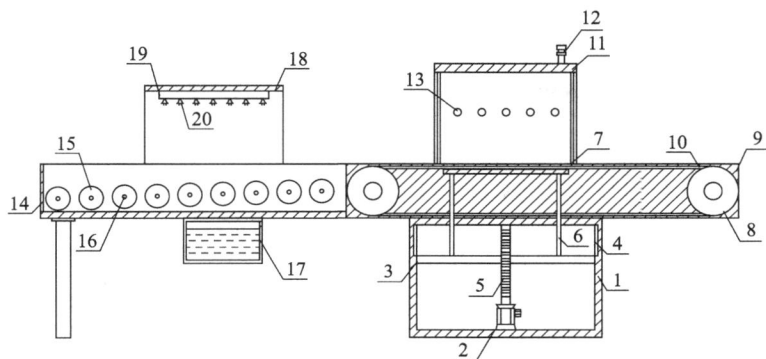

图1.7 电子商务物流包裹安全检测装置

1—空心底座；2—驱动电机；3—滑板；4—导电片；5—往复丝杆；6—连接杆；
7—顶板；8—第一转杆；9—安装板；10—输送辊；11—第一矩形框；12—指示灯；
13—检测仪；14—放置台；15—转动辊；16—第二转杆；17—储液箱；
18—第二矩形框；19—空心板；20—雾化喷头

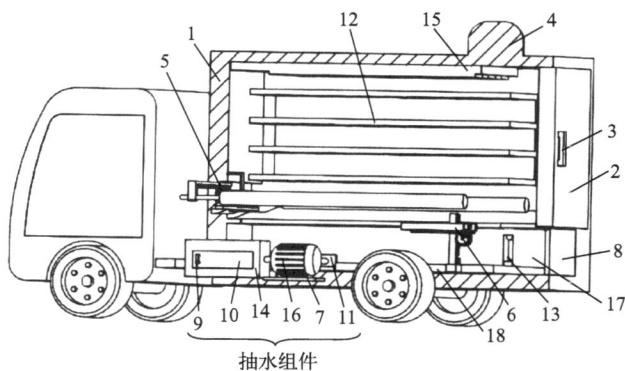

图1.8 冷链物流风险安全监测设备

1—冷藏箱；2—箱门；3—门把手；4—报警灯；5—吸水组件；6—自动关门组件；
7—安装板；8—透明挡板；9—握把；10—盒盖；11—单向阀；12—货物架；
13—滑动槽；14—集水盒；15—制冷器；16—水泵；17—蓄水仓；18—浮板

该发明通过浮板的上升带动滑动块同步上升，滑动块上升带动第一齿条上升，第一齿条上升带动第一齿轮转动，第一齿轮转动带动与之啮合的第二齿条朝向箱门方向滑动，第二齿条滑动带动连接块、关门电机和第二齿轮同步运动，直至运动至第二齿轮和第三齿轮啮合时，关门电机带动第二齿轮转动，从而带动第三齿轮和转动轴转动，最终带动箱门关闭。其优势在于，整个装置无须系统或者人为监管，可以监测到因为工作人员的疏忽导致箱门没有关闭进而导致的冷藏箱的制冷效果不佳，整体结构便捷，节省人力，并且通过浮板的设置可以判断，如果箱门关闭后蓄水舱内的浮板还在持续上升，就可以排除工作人员忘记关闭箱门导致的冷藏箱制冷效果变差，于是在浮板上浮到最高处时，触发报警灯报警，提醒工作人员冷藏箱内的制冷器失效；通过水泵将蓄水舱内的水吸出至集水盒内收集起来，可以通过握把打开盒盖，从而将先前收集的水取出继续利用；通过水泵的设置可以对自动关门组件进行解锁，结构简单，节约资源，响应国家节能环保的号召；通过吸水电机输出轴转动带动吸水齿轮转动，吸水齿轮转动带动上齿条和下齿条相对反向运动，并且由于弧形限位槽的设置，限位柱沿着弧形限位槽内滑动，使得吸水轮贴合冷藏箱的底部，吸干多余的水，避免残留水在冷藏箱底部，从而在下一次冷藏使用时冷藏箱底部结冰，使得冷藏箱底部较滑，导致工作人员搬运货物时存在安全隐患。

　　由于目前交通、物流、货源地、车源地没有统一的数据采集技术，没有统一高效的管理系统，没有综合评价体系等，无法对交通绿色通道物流车辆进行有效的智能化管理，联网认证机制、信用评价体系无法运行，造成现在的绿通车辆仍旧依赖人工检验，核验标准不可控，车辆拥堵、征缴矛盾等社会问题突出。绿色物流通道变成了"停车场"，严重制约了交通物流"内循环"发展。为了解决这个问题，河南纵达软件科技有限公司发明了一种高速公路智慧物流绿色通道检测系统，可将数据核验前移，能有效降低检测的人力成本和时间，提高检测效率，避免相关投机车辆通行费的漏征漏收。图1.9为此检测系统的流程图。

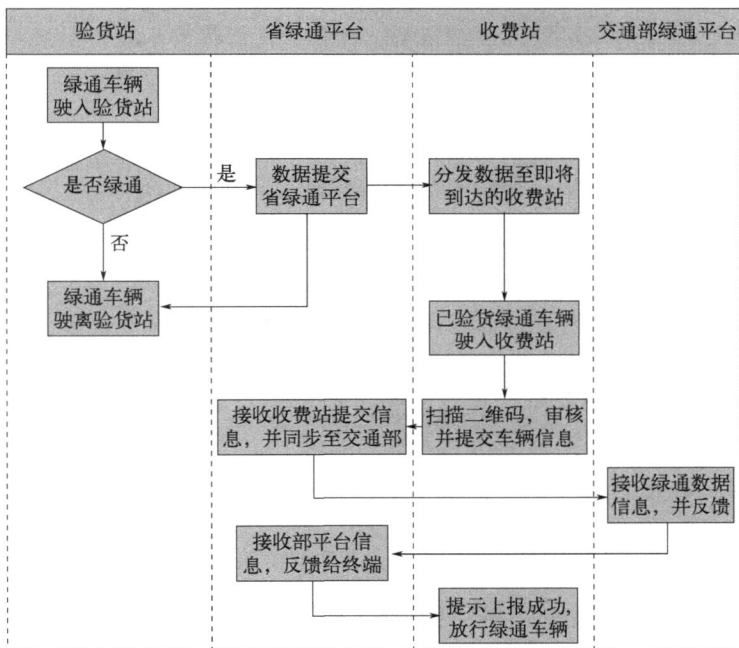

图1.9 高速公路智慧物流绿色通道检测系统流程图

此系统包括数据自动采集系统、云储存大数据分析系统和稽核系统。数据自动采集系统包括车辆自动识别子系统、货物自动识别子系统、驾驶人员自动识别子系统和场地适应调节子系统。车辆自动识别子系统包括车辆牌照识别模块、车辆外观识别模块、车辆质量检测模块和车辆轴数识别模块。货物自动识别子系统包括货物种类识别模块。稽核管理系统包括权限管理模块、驾驶人员信息管理模块、音视频信息管理模块、车辆信息管理模块、设备接口管理模块、安全信息管理模块和信用稽核评价模块。利用物联网传输车辆、货物、路径等数据，通过云储存大数据分析，可以为司乘人员提供交通服务、物流服务等，为行业主管部门提供指挥引导绿通车辆管理决策依据，构建从货源地鲜活农产品装车核检到高速绿色通道的免检快速放行的现代化数字智慧物流通道供应链，提高鲜活农产品物流效率和效益，降低物流成本。此发明提供的检测方法利用物联网传输车辆、货物、路径及图像等数据，将绿通车辆查验信息共享至各收费站，整合接入高速公路 ETC 收费系统，就能为安装 OBU（电子标签设备）的绿通车辆提供"网上预约、集中验货、快速通行"的新体验，同时实现"一站查验，畅行全国"的新业务模式，并通过云储存大数据分析，打造绿色物流通道信用大数据体系，为司乘人员提供交通服务、物流服务等。

安徽融易供应链管理有限公司为解决监测不便的问题，发明了一种物流安全监测智能化系统。图 1.10 所示为该系统的结构原理框图，该系统包括中央控制中心，中央控制中心的输出端通过导线与比较单元的输入端电性连接，并且比较单元的输入端通过导线与检测单元的输出端电性连接，比较单元的输出端通过导线与反馈模块的输入端电性连接，反馈模块的输出端通过导线与中央控制中心的输入端电性连接。中央控制中心的输入端通过导线与按键的输出端电性连接，并且按键的输入端通过导线与电源模块的输出端电性连接，电源模块的输出端通过导线与检测单元的输入端电性连接。中央控制中心通过无线电与 GPS 定位系统实现双向连接。中央控制中心的输出端通过导线与报警模块的输入端电性连接。该系统对运送货物进行全方位的监测，同时对运送货物进行安全分析，及时将信息传达给控制中心，可以减少货物的损失。该物流安全监测智能化系统的中央控制中心通过无线电与安全分析模块实现双向连接，并且中央控制中心的输出端通过导线与智能终端的输入端电性连接，中央控制中心通过无线电与无线信号发射模块实现双向连接，并且无线信号发射模块通过无线电与无线信号接收模块实现双向连接，无线信号接收模块通过无线电与移动终端实现双向连接，及时将监测的数据传输至控制中心和送货人的手机上，可以实时对物流进行检测，提高了物流的安全性。

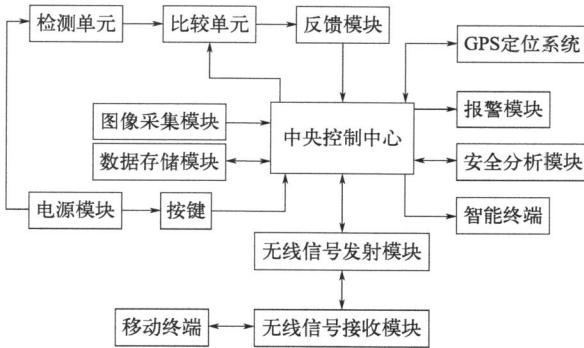

图1.10　物流安全监测智能化系统结构原理框图

贵重物品的运输过程中存在着特别多的安全隐患，其中最常发生的是物品损坏。杨婧菲发明了一种物流运输状态信息实时监测设备及系统，用于跟踪记录物流阶段商品的运输安全状态。其结构示意图如图 1.11 所示。

该物流运输状态信息实时监测设备，利用监测器能够实时检测物流运输中的振动和晃动数据，并将其数据存储到 RFID 电子温度标签，用户收到货物读取标签储存的数据，即可分析了解到运输的状况，在货物产生损坏的情况时，方便追溯划分责任，特别适合贵重物品的运输。电场极板所加电压改变时，电场变化使电流变液的流动性改变，阻挡阻力盘的摆动，间接制约摆球的高频摆动，

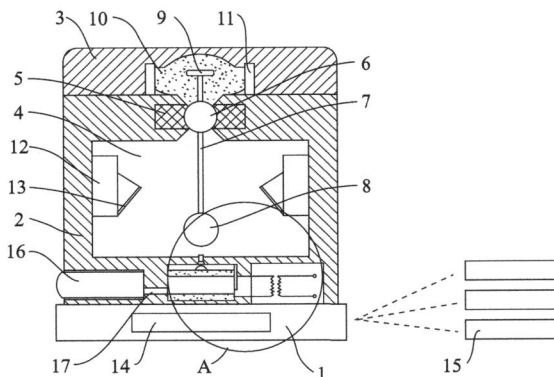

图1.11 物流运输状态信息实时监测设备及系统结构

1—底座；2—中部壳体；3—上壳体；4—摆动腔；5—安装块；6—定位球；
7—摆杆；8—摆球；9—阻力盘；10—储液腔；11—电场极板；12—安装环；
13—压电陶瓷片；14—RFID读写器；15—RFID电子温度标签；16—气囊；
17—注气管

电场极板所加电压与压电陶瓷片电压按照一定比例变化，电场极板所加电压划分不同区间范围，各区间范围定义为不同损坏等级，作为监测信号储存在标签内。第二电极板在滑动腔最顶端时，凸起块堵塞节流孔，并与摆球产生磁吸力，货物轻微晃动时，摆球不会晃动，过滤掉监测过程中不会对货物造成损坏的轻微晃动，一旦摆球摆动起来，第二电极板向下滑动，第一电极板和第二电极板的电容量增大，用于储存压电陶瓷片受摆球撞击产生的电能。第二电极板上下移动的过程中，第二电极板上侧的空气通过节流孔缓慢流入摆动腔内，因为需要一定时间，摆球快速摆动的过程，不会由于凸起块吸引而立刻停止，电场极板施加电压后，摆球减速，逐渐运动至最下方，直至平稳，在这个过程中，第二电极板向上移动，第一电极板和第二电极板的电容量减小，实现对第二线圈的放电，第二线圈放电作为触发信号，控制

RFID读写器，将电场极板所加电压作为监测信号储存在RFID电子温度标签内。

这一设备及系统的使用，给贵重物品的运输提供了保障，减少了货物损坏引发的纠纷，最大程度地保护了双方的利益。但由于成本较高，这种设备更加适用于价值相对高的物品的运输，并不适用于一般货物的运输，而且，这一监测设备和系统特别依赖RFID电子温度标签，一旦在运输途中标签发生损坏或丢失，那么这一设备就会瘫痪，无法使用。

如上所述，虽然目前各个领域的安全检测产品很多，但都只能在某一部分、某一环节进行检测，并没有成熟的能够对物流运输的全流程进行实时安全检测的产品，因此，亟须提出一套成熟的用于物流领域安全状态检测的技术解决方案和规模化应用。

1.4
本书主要内容

第1章，阐述了物流安全检测技术及应用的研究背景、研究目的和意义，梳理了在方法和应用方面安全状态检测技术在物流领域的发展现状，说明了在此基础上，针对物流安全检测技术的研究十分有必要。

第2章，展示了全流程物流安全检测技术的体系框架，介绍了如何实现全流程的物流安全检测、惯性传感的状态监测和异常辨识的技术方案，以及基于图像识别的行为识别的技术方案。

第3章，提出了一种基于惯性传感的物流安全检测技术。该技术将硬件检测与算法识别相结合，实现了对物流运输全流程的实时监测。这一部分重点介绍了惯性传感、自供电与深度学习等核心技术。此外，介绍了根据使用需求设计的一种基于惯性传感的物流安全检测云平台。

第 4 章，主要内容共分为两个部分。第一部分主要介绍了针对物流领域的暴力分拣现象而提出的基于图像和视频识别的人为异常操作行为识别相关算法，包括算法的理论基础、算法所应用的场景和实验结果分析，并在此基础上，进一步提出更加轻量化且稳定的检测方法。第二部分主要介绍了针对违禁寄递物品在运输过程中存在的安全隐患问题而提出的安检图像自动识别相关算法。

第 5 章对本书介绍内容进行总结分析，对未来技术发展方向进行了预测和展望。

参考文献

[1] 国家市场监督管理总局，中国国家标准化管理委员会. 物流术语：GB/T 18354—2021[S]. 北京：中国标准出版社，2021.

[2] 国家统计局. 物流相关数据查询结果[EB/OL]. [2022-09-07]. https: //data. stats. gov. cn/search. htm? s=%E7%89%A9%E6%B5%81.

[3] 中国国家标准化管理委员会，中华人民共和国国家质量监督检验检疫总局. 快递服务 第3部分：服务环节：GB/T 27917. 3—2011 [S]. 北京：中国标准出版社，2011.

[4] 相鹏. 一种暴力分拣识别方法、装置、设备及存储介质：CN112241665A[P]. 2021-01-19.

[5] 阳晓湖. 物流安全[M]. 北京：清华大学出版社，2020.

[6] 刘磊. 贵重物品储运过程信息获取技术研究[D]. 太原：中北大学，2016.

[7] 许富景，马铁华. 基于压缩感知的贮运信息动态获取方法[J]. 振动与冲击，2018，37（15）：104-109，117.

[8] 李宝龙. 基于DSP的车载特种集装箱监测控制系统设计与实现[D]. 哈尔滨：哈尔滨工程大学，2017.

[9] Tae-Hoon, Kim, Hyung-Lim, et al. A Study on an IP-RFID Based Container Monitoring System for Maritime Logistics Environments [J]. The

Journal of Internet Electronic Commerce Research, 2016, 3（5）：63-79.

[10] Jiří Tengler, Kolarovszki P, Kolarovszka Z, et al. Development Of Smart Tool For Efective Logistics Processes Measurement[C] Clc: Carpathian Logistics Congress-conference Ostrava: Tanger Ltd. 2017.

[11] 郭志雄，缪文南. 基于嵌入式快递包裹实时跟踪系统设计[J]. 现代电子技术，2015, 38（01）：38-40.

[12] 陈默. 物流分拣中破损快件的智能识别技术[J]. 物流技术，2014, 33（01）：360-362.

[13] 徐欢. 基于多传感信息融合的集装箱异常状态监测技术研究[D]. 武汉：武汉理工大学，2018.

[14] 孙君，王志伟. 啤酒瓶周转箱随机振动响应的实验研究[J]. 振动工程学报，2018, 31（05）：759-771.

[15] 王志伟，刘远珍. 随机振动下包装件加速度响应的非高斯特征[J]. 振动与冲击，2018, 37（17）：41-47.

[16] 江春冬，武玉维，杜太行，等. 包装件在随机振动下的破损机理及相关量检测[J]. 中国测试，2015, 41（08）：27-30.

[17] Wang Z W, Wang L J. Accelerated Random Vibration Testing of Transport Packaging System Based on Acceleration PSD[J]. Packaging Technology and Science, 2017, 30（10）：621-643.

[18] Renáta Pidl. Analytical approach to determine vertical dynamics of a semi-trailer truck from the point of view of goods protection[J]. American Institute of Physics Conference Series, 2018. DOI：10. 1063/1. 5019118.

[19] Zhong C, Li J, Kawaguchi K. Measurement and Analysis of Shocks on Small Packages in the Express Shipping Environment of China[J]. Packaging Technology and Science, 2016, 29（8-9）：437-449.

[20] Zhou H, Wang Z W. Measurement and analysis of vibration levels for express logistics transportation in South China [J]. Packaging Technology & Science, 2018, 31（10）：665-678.

[21] Huart Victor, Nolot Jean-baptiste, Candore Jean-Charles. A Damage Estimation Method for Packaging Systems Based on Power Spectrum Densities Using Spectral Moments[J]. Packaging Technology & Science, 2016, 29（6）：303-321.

[22] Deshmukh N, Gawande M, Pande S, et al. Monitoring Logistics Through

Blockchain[M]. Advances in Computing and Intelligent Systems. 2020.

[23] Jiang J, Wang H, Mu X, et al. Logistics industry monitoring system based on wireless sensor network platform[J]. Computer Communications, 2020, 155.

[24] Wang C, Xie L, Wang W, et al. Probing into the Physical Layer: Moving Tag Detection for Large-Scale RFID Systems[J]. IEEE Transactions on Mobile Computing, 2020, 19（5）: 1200-1215.

[25] Hao Q, Wang Z, Qin L. Design of Beidou Satellite System in Ocean Logistics Real-Time Tracking System[J]. Journal of Coastal Research, 2019, 94（sp1）: 204.

[26] Liu Y. International Logistics Taxation Data Monitoring Based on 5G Network and Cloud Computing Platform[J]. Microprocessors and Microsystems, 2021, 82: 103826.

[27] Masood A, Gupta A. Enhanced Logistics Security Techniques Using IoT and 5G[C]. 2020 International Conference on Wireless Communications Signal Processing and Networ king（WiSPNET）. 2020.

[28] 郜海燕, 杨海龙, 陈杭君, 等. 生鲜果蔬物流及包装技术研究与展望[J]. 食品与生物技术学报, 2020, 39（08）: 1-9.

[29] Mohsin A, Yellampalli S S. IoT-Based Cold Chain Logistics Monitoring[M]// Predictive Intelligence Using Big Data and the Internet of Things. 2019.

[30] 杨嘉乐, 刘洋, 闫聪, 等. 基于物联网的危化品运输监控预警系统研究[J]. 武汉理工大学学报（信息与管理工程版）, 2020, 42（03）: 209-214.

[31] Mohamed A, Qiyuan P, Abid M M, et al. Integrated Maintenance Logistics Monitoring System for High Speed Rail, Based on Internet of Things Technology[J]. European Transport\Trasporti Europei, 2020, 2020（75-76）: 1-10.

[32] Chuang C H, Lee D H, Chang W J. Real-Time Monitoring via Patch-Type Piezoel ectric Force Sensors for Internet of Things Based Logistics[J]. IEEE Sensors Journal, 2017, 17（8）: 2498-2506.

[33] Yu W, Ye W Z, Tateno S. Real Time Logistics Monitoring System of Packages During Transportation Using Decision Tree Combined with

Clustering Method[C]. Pingtung, TAIWAN: International Automatic Control Conference（CACS），2017.

[34] 王绍丹，王宜怀，刘锴. 基于RFID的货物行为姿态检测方法[J]. 微型机与应用，2017，36（16）：11-14，18.

[35] 王绍丹，王宜怀，贾荣媛. 基于加速度传感器的在途危险品行为姿态检测方法[J]. 计算机应用研究，2018，35（08）：2328-2331.

[36] Kim T H, Choi S P, Moon Y S, et al. A Study on Container Monitoring Loaded into the Hold in Maritime Logistics[J]. Journal of Korean Institute of Communications & Information Sciences, 2016, 41（11）：1446-1455.

[37] 尚淑玲. 基于计算机视觉的物流暴力分拣行为识别[J]. 计算机仿真，2013，30（12）：430-433.

[38] Borstell H. A short survey of image processing in logistics-How image processing contributes to efficiency of logistics processes through intelligence[C]. the 11th International Doctoral Students Workshop on Logistics, 2018, Magdeburg, Germany.

[39] Borstell H, Reggelin T. Towards Virtual Commissioning of Image-based Information Systems for State Detection in Logistics[J]. IFAC-PapersOnLine, 2019, 52（13）：2463-2470.

[40] Riestock M, Fessel K, Depner T, et al. Survey of Depth Cameras for Process-integrated State Detection in Logistics[C]// Smart SysTech 2019 European Conference on Smart Objects, Systems and Technologies. 2019.

[41] 刘稳. 计算机视觉在物流仓储安全管理中的应用研究[D]. 淮南：安徽理工大学，2019.

[42] 陈松乐，孙知信. 一种基于深度学习的物流快递驿站异常行为识别方法[J]. 物流科技，2020，43（09）：50-54.

[43] 杨周龙，李斯，徐梦佳. 快件分拣异常动作的识别方法、装置、设备及存储介质：CN202010142397. 3[P]. CN111368730A[2023-11-24].

[44] 李斯，赵齐辉. 基于VGG网络的暴力分拣识别方法、装置、设备及存储介质：CN202010654232. 4[P]. CN111832466A[2023-11-24].

[45] 刘永霞，李芳媛，沈翀，等. 一种暴力分拣的识别方法及装置：CN202010005427. 6[P]. CN111209846B[2023-11-24].

[46] Solorio-Fernandez A M T J F. A review of unsupervised feature selection

methods [J]. Artificial Intelligence Review, 2020, 53（2）: 907-948.

[47] 吴蓬勃, 张金燕, 王帆, 等. 快递暴力分拣行为视觉识别系统[J]. 包装工程, 2021, 42（15）: 245-252. DOI: 10. 19554/j. cnki. 1001-3563. 2021. 15. 031.

[48] 李郅琴, 杜建强, 聂斌, 等. 特征选择方法综述[J]. 计算机工程与应用, 2019, 55（24）: 10-19.

[49] Celaya-Padilla J M, Galvan-Tejada C E, Lopez-Monteagudo F E, et al. Speed bump detection using accelerometric features: A genetic algorithm approach[J]. Sensors（Switzerland）, 2018, 18（2）.

[50] Huang S J, Xu M, Xie M K, et al. Active feature acquisition with supervised matrix completion[C]//Proceedings of the 24th ACM SIGKDD International Conference on Knowledge Discovery & Data Mining. 2018: 1571-1579.

[51] Shim H, Hwang S J, Yang E. Joint active feature acquisition and classification with variable-size set encoding[J]. Advances in neural information processing systems, 2018.

[52] Valancius M, Lennon M, Oliva J. Acquisition Conditioned Oracle for Nongreedy Active Feature Acquisition[J]. arXiv preprint arXiv: 2302. 13960, 2023.

[53] Hu P, Pan J S, Chu S C. Improved binary grey wolf optimizer and its application for feature selection[J]. Knowledge-Based Systems, 2020, 195: 105746.

[54] Too J, Rahim Abdullah A. Binary atom search optimisation approaches for feature selection[J]. Connection Science, 2020, 32（4）: 406-430.

[55] Li J, Wang Q, Zhang C, et al. A novel feature selection method based on backward elimination and mutual information for intrusion detection. Information Sciences, 2020, 514: 331-346.

[56] Xu X, Li G, Xie G, et al. Weakly Supervised Deep Semantic Segmentation Using CNN and ELM with Semantic Candidate Regions[J]. Complexity, 2019: 12.

[57] 文成林, 吕菲亚. 基于深度学习的故障诊断方法综述[J]. 电子与信息学报, 2020, 42（01）: 234-248.

[58] Redmon J, Divvala S, Girshick R, et al. You Only Look Once: Unified, Real-Time Object Detection[C]//Conference on Computer Vision and Pattern Recognition, 2015: 779-788.

[59] Farhadi A, Redmon J. YOLO9000: Better, Faster, Stronger[C]//IEEE Conference on Computer Vision & Pattern Recognition, 2017: 6517-6525.

[60] Farhadi A, Redmon J. YOLOv3: An Incremental Improvement[C]// Conference on Computer Vision and Pattern Recognition, 2018.

[61] 颜宏文, 陈金鑫. 基于改进YOLOv3的绝缘子串定位与状态识别方法[J]. 高电压技术, 2020, 46 (2): 423-432.

[62] 杨观赐, 杨静, 苏志东, 等. 改进的YOLO特征提取算法及其在服务机器人隐私情境检测中的应用[J]. 自动化学报, 2018, 44 (12): 2238-2249.

[63] Zhang Xunxun, Zhu Xu. Moving vehicle detection in aerial infrared image sequences via fast image registration and improved YOLOv3 network[J]. International Journal of Remote Sensing, 2020, 41 (11): 4312-4335.

[64] Yao S, Chen Y, Tian X, et al. An Improved Algorithm for Detecting Pneumonia Based on YOLOv3[J]. Applied Sciences, 2020, 10 (5), 1818-1837.

[65] 肖雯娟. 一种可调节高度的跌落放置台: CN218239264U[P]. 2023-01-06.

[66] 彭生奇. 一种冷链设备用智能仪器仪表: CN217155476U[P]. 2022-08-09.

[67] 周斌, 郭丽娜, 朱艳, 等. 一种物流包裹安全检测装置: CN115724170A[P]. 2023-03-03.

[68] 耿选珍, 邓建平. 一种电子商务物流包裹安全检测装置: CN115308808A[P]. 2022-11-08.

[69] 万玉龙, 柏小颖, 顾峰. 一种冷链物流风险安全监测设备: CN115092563A[P]. 2022-09-23.

[70] 袁华冰, 宋巍峰, 张志明, 等. 一种高速公路智慧物流绿色通道检测系统及方法: CN112488629A[P]. 2021-03-12.

[71] 王云娥. 一种物流安全监测智能化系统: CN110658755A[P]. 2020-01-07.

[72] 杨婧菲. 一种物流运输状态信息实时监测设备及系统: CN114397011A[P]. 2022-04-26.

第 2 章

物流安全检测技术体系框架

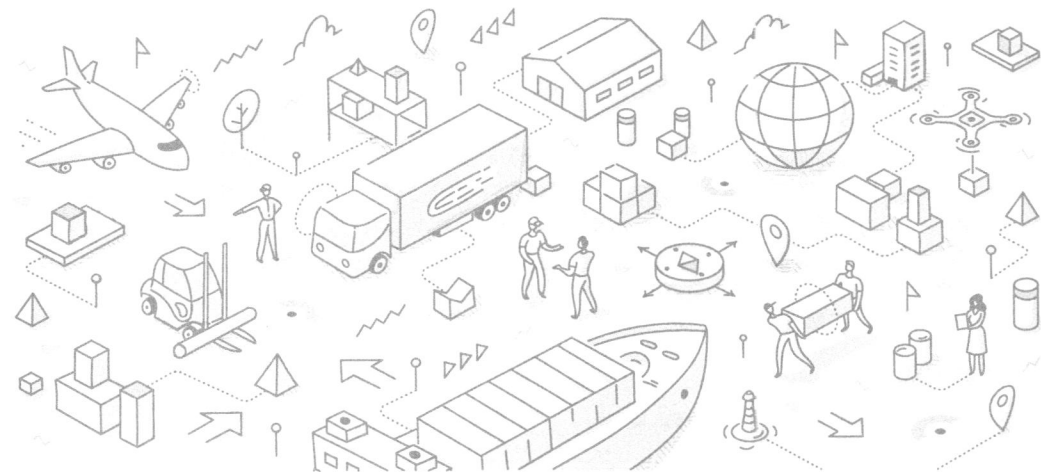

本章对全流程的物流安全检测的系统架构、面向在途运输的货物状态监测和固定场所下的物流安全检测技术的实现做了详细的介绍。

2.1
全流程物流安全检测技术的体系框架

本书以我国快递物流行业的实际需求、问题短板和监管目标为导向，以理论方法研究、仿真试验和实验研究、应用验证研究等为主要方法，按照实际需求分析→定义提出和描述→惯性传感/视频图像数据处理→在途运输/固定场所智能辨识的基本学术思路开展研究工作。以下结合图 2.1 所示的技术路线图阐述如何实现全流程的物流安全检测。

（1）需求分析

笔者团队对一些加盟制和直营制的物流企业进行了调研，主要调研内容为企业的运营全过程和物流服务全流程，在此基础上，对于干线运输、末端配送等在途过程中的货物状态有了充分的了解，了解了仓储中心、转运中心、分拨中心、配送网点等物流中间环节中的固定场所操作工人的操作情况，对物流运输过程中易出现货物受损情况的关键环节和场景进行分析，掌握了国家监管部门、物流企业的监管部门对物流运输环境的监管和定量评价的具体要求和标准，明确了本书的研究内容的应用环境和未来推广方式。以此，对货物运输中的行为正/异常状态的概念、物流运输典型安全隐患的定义的提出和分析提供了依据，为数据采集硬件的设计优化、监测辨识目标提供导向支撑。

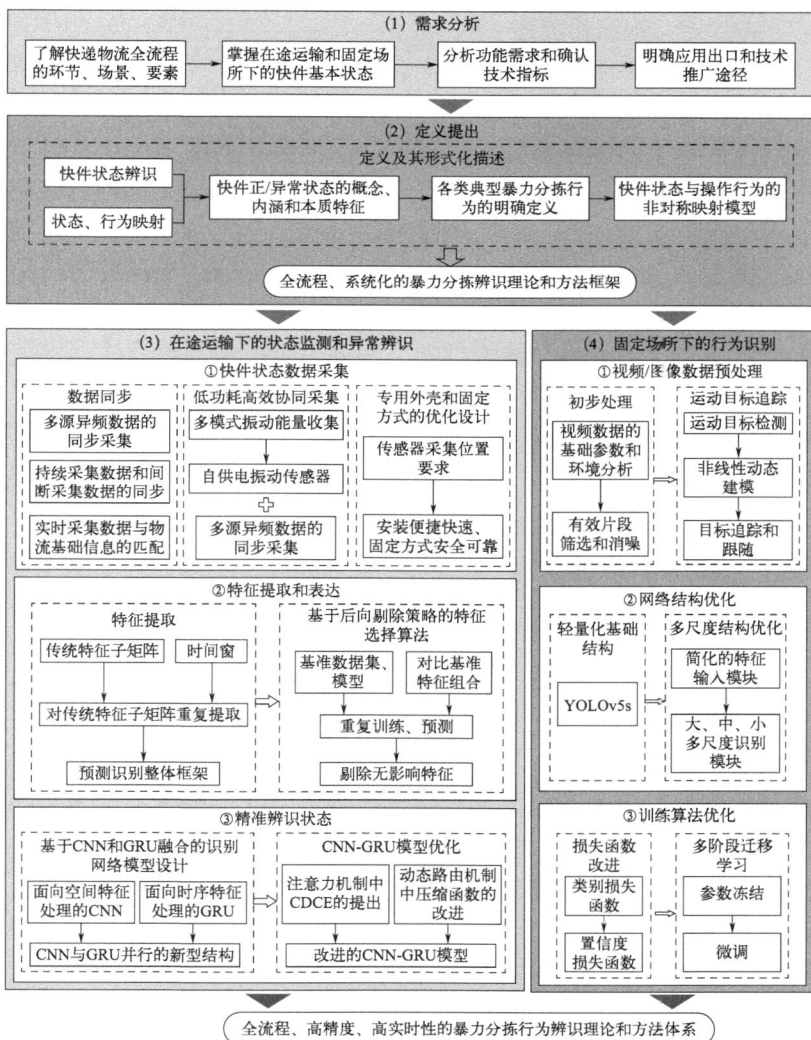

图2.1　物流安全检测技术体系框架图

(2) 定义提出和描述

物流运输中比较常见的典型安全隐患主要分为快递物流的暴力分拣、家电物流的野蛮搬运、生鲜物流的冷链失温、贵重物品/易碎品运输中的损坏及温湿度控制等。针对不同的情况，从对货物的状态辨识的角度出发，根据现行的国内外运输安全和包装检测相关标准以及已发布实施的相关操作规范，提出货物正/异常状态的概念，明确对货物正/异常状态的衡量标准以及相关量化指标，根据对货物的实时状态监测，把物流运输的整个流程中可能会导致货物受损的异常操作行为，根据类型的不同和发生程度的大小进行梳理和划分，明确各个类型的安全隐患的具体定义。

在全流程快递物流运作环境状态的定义提出和形式化描述方面，首先需明确典型的人工或机械设备所导致的异常操作行为的类型（含单一类型和耦合类型），其次建立快件状态与操作行为的映射模型，然后以异常操作行为的发生情况为基本依据，给出全流程快递物流运作环境正/异常状态的概念、表达和计算方法，从而为后续的特征获取和智能辨识提供理论基础。

① 快件状态——操作行为映射模型的建立。根据现行的国内外运输安全和包装检测相关标准以及已发布实施的快递操作规范，梳理划分出快递物流各环节可能导致快件损毁的异常操作行为的类型及程度，明确各类型异常操作行为的定义。根据各种异常操作行为可能导致的快件损毁状态，搭建快件状态-操作行为的非对称映射模型，模型框架如图2.2所示。此映射模型的非对称性主要体现在：快件损毁一定是由于操作异常，而操作异常则不一定导致快件损毁；快件的某一损毁状态可能由多种异常操作行为导致。

② 全流程物流运作环境状态的定义和描述。提出全流程物流运作环境的基本概念，厘清快递物流运作环境的边界，明确其包含的具体环节和要素。以异常操作行为的发生情况为依据，统计不同环节、不同场景、不同要素耦合情况下的各类别异常行为发

生的次数、频率（单位时间和单位里程）、概率等指标，提出全流程快递物流运作环境正／异常状态的具体概念，并给出基于对象状态变量和统计概率因素融合的多元快递物流运作环境状态的形式化描述。

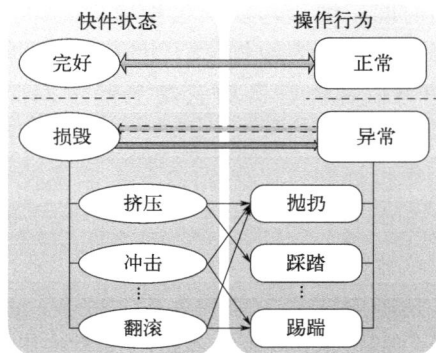

图2.2　快件状态－操作行为映射模型框架

基于快件状态辨识结果，提出针对某时间段内、某线路、某企业、某区域的全流程快递物流运作环境的综合状态 $C_s = f(S, E, P)$，其中：$S = [s_1, s_2, \cdots, s_a]$ 为快件状态相关变量，指快件正／异常的实时状态信息；$E = [e_1, e_2, \cdots, e_b]$ 为快件属性相关变量，包括快件体积、重量、内容物种类等属性信息；$P = [p_1, p_2, \cdots, p_c]$ 为统计相关变量，包括发生异常的次数、频率（单位里程、单位时间）、概率等统计量。

（3）惯性传感／视频图像数据处理

① 惯性传感数据处理。在途运输的物流异常行为检测识别系统的基本架构由数据采集终端、云服务器和用户端三部分组成。其中，数据采集终端的主要功能是实时采集包裹的三轴加速度数据，当包裹的加速度数值出现异常波动时，将潜在异常的加

速度数据段截取，记录于数据采集终端配置的 SD 卡上（用于备份），并将其上传至云服务器。云服务器汇总、处理各数据采集终端上传的潜在异常数据段，得到各个包裹所受操作类型的判断结果，并将判断为受到异常行为处理的各个包裹所发生异常的类型、异常发生的时间、地点，以及包裹承运公司、寄递路线等基础物流信息进行汇总，录入数据库。用户可根据其权限等级使用个人电脑、智能手机等终端调取云服务器数据库内的检测识别记录。

② 视频图像数据处理。早在 2013 年，我国就有学者基于计算机视觉对快递物流中的"暴力分拣"行为进行了识别研究，但并未在快递行业和企业推广应用。2018 年以来，这一方向逐渐受到国内外学者尤其是国内快递企业的重视，顺丰、韵达等纷纷申请了相关发明专利，德邦也与华为合作进行了系统研发和应用。

尚淑玲采用了小波包分析方法对物流分拣图像行为特征进行了提取，并基于主成分分析的计算机视觉模块识别了各种操作行为。Borstell H 所在团队针对固定物流场所中的操作行为监控问题，分析了图像处理相关方法的可行性，提出了物流场所视频监控系统的基本组成，研究了系统的虚拟调试技术，并对深度相机的用法和选型给出了建议。刘稳等针对仓库安全问题，采用仓库的监控视频，基于高斯混合模型和马尔可夫随机场分别进行了运动目标的识别和跟踪，并设计了一套物流仓库智能视频监控系统。陈松乐等提出了一种基于深度学习的物流快递驿站异常行为识别方法，采用 ResNet152 网络提取了视频图像特征，并通过 LSTM 网络建立了帧之间的时序关系。相鹏等关注具体操作人员的身份识别，提出了基于光流图的图形特征融合方法识别暴力分拣人员。李斯等提出了基于 Mask R-CNN 网络和 VGG 网络的快件分拣异常动作的识别方法，可检测快件装卸车过程中是否发生踩踏行为。

刘永霞等提出采用两台摄像机的联合图像识别来确定快件的运动速度及其在空中的滞留时长，进而根据速度和时长来判定是否发生了违规操作行为。

（4）在途运输／固定场所智能辨识

① 在途运输智能辨识。本书所提出的研究内容是根据加速度数据判断包裹是否处于异常状态，以及包裹处于何种异常状态。本书使用一种带有通道注意力模块的 CNN-GRU 融合识别模型对货物在物流运输过程中的在途运输下的状态进行监测和辨识。该模型采用 CNN 作为三轴传统特征关系提取的重要工具，采用 GRU 结构进行时序特征的提取，并在此基础上，引入了通道注意力机制。此模型利用 CNN 对时间窗内空间方面的三轴关系进行特征提取，再利用 GRU 结构将整个时间窗序列串联起来，并对时间维度的传递关系进行特征提取，将这两种网络结构用这种方式进行融合，可以最大限度地发挥它们各自的优势，而通道注意力机制的引入，可以利用带有通道注意力模块的 CNN-GRU 融合识别模型先后从三维输入矩阵固有的特征通道、空间（三轴）、时间窗三个维度实现高层次抽象特征的再提取，使针对物流安全检测的行为识别设计的识别模型架构更加完整可行。具体做法为将前面步骤中得到的规范化的三维传统特征矩阵送入带有通道注意力模块的 CNN-GRU（卷积神经元 - 门限循环单元网络）融合识别模型中进一步提取特征通道、空间（三轴）和时间维度的抽象关系特征，通过若干全连接层以及 softmax 函数激活得到识别结果。

② 固定场所智能辨识。根据全流程快递物流运作环境的定义和特点，明确需辨识的所有正常及典型异常的具体类型，针对一级正／异常在途初判，将前述步骤中得到的低维特征采用支持向量机进行快速准确的二值分类。

2.2

面向在途运输的物流安全检测技术方案

针对货物在途运输下的物流安全检测，本书提出了基于惯性传感的状态检测和异常辨识的技术方案。

(1) 多源数据同步低功耗采集及优化

根据快递物流各流程作业环节、快件可能受到的各种激励等背景环境信息，研究温湿度、加速度、角速度、磁场、光强、GPS等多源异频信息的同步采集方法及其与关键时间节点、快件重量、快件体积等基本物流信息的匹配方法。针对加速度、角速度等惯性数据，研究基于自供电振动传感器与高精度高采样率加速度传感器协同配合的低功耗惯性数据采集方法，进一步减小惯性多传感器集成采集处理终端（以下简称惯性传感终端）的重量和尺寸。研究设计终端在快件内的固定方式和专用固定装置。

(2) 典型正/异常的状态特征提取和表达

基于快件重量和体积等快递物流基础信息完成惯性数据的校正，研究时域和变换域上的数据滤波、重叠、截取、消噪等预处理算法；研究高有效特征保持率数据降维和融合的处理方法。完成惯性传感数据的预处理后，针对在途正/异常初判的小计算量、高实时性的辨识需求，研究基于向后剔除策略的特征提取和筛选方法。

(3) 快件正/异常状态的精准辨识

在完成快件正/异常状态的初判后，需对异常状态类型进行细化辨识以满足状态-行为映射模型的需求。由于快件在全流程快递物流过程中常有跌落、抛扔、翻滚等异常状态，且可能出现复合、交叠或连续发生（如在抛扔的同时可能伴随翻滚、跌落后翻滚或翻滚后跌落）等情况，导致每次异常状态的持续时间长短不一，因此快件的异常状态辨识本质上属于多尺度的多标签分类问题。针对异常辨识问题的复杂性特点，研究基于带有通道注意力模块的 CNN-GRU 融合识别模型下的识别方法。

下面，对基于惯性传感的状态监测和异常识别的技术路线进行介绍。

首先，需要对货物的状态进行数据收集。物流运输过程中实时监测的数据较多，需要将多个源头异频的数据进行同步收集，如温度、湿度、加速度、角速度、磁场、光强、GPS 等。此外，还需要针对多个传感器对信息的采集过程中常常发生的某些信息（如集装箱运输过程中的 GPS 信息、静止储存时自供电振动传感器的振动信息等）的采集间断情况，研究基于时间流的持续采集数据和间断采集数据的同步方法，并将实时采集的数据和物流信息进行匹配。同时，使用基于多模式振动能量收集的自供电振动传感器和高精度高采样率的数字加速度传感器协同合作进行高效精准的数据收集。

其次，将收集到的原始数据，进行有效数据段的截取，将截取到的数据段进行缩放、校正、消噪等基本处理之后，进行特征提取和筛选工作。由于特征稀释以及时序内在信息被忽略等问题的存在，本书采用对经过处理的数据加等长滑动时间窗的方式进行特征的提取。完成特征提取工作后，对其进行筛选。针对特征筛选，考虑到复杂度的问题，在对比研究了多种特征选择方式后，本书选择了使用特征向后剔除策略进行对提取出的特征的筛选工作。本书的研究中，特征选择的范围包括时域波形的均值、方差、标准差、峰度、偏态、最大值、动态范围、短时能量和过零率特征，共九个候选特征，使用特征向后剔除策略，在不损失识别正确率的前提下，尽可能多地减少特征的种类。具体的特征提取和筛选过程在第 3 章中进行详细描述。

最后，需要对货物的实时状态进行精准辨识工作，本书所采用的识别模型为带有通道注意力模块的 CNN-GRU 融合识别模型，以快件这一全程的直接体验者作为状态数据采集终端的载体，完成惯性传感多元状态数据的采集传输，进而基于惯性传感数据进行快件状态的在途正 / 异常辨识。

2.3
面向固定场所的物流安全检测技术方案

针对货物在固定场所的物流安全检测，本书提出了基于图像识别的行为识别的技术方案。针对这一技术方案，本书所做的研究为以下两个方面。

（1）轻量化多尺度的行为识别网络结构构建

针对固定场所中可能发生的摔砸、踢踹、抛扔、踩踏等各种人工异常操作行为的速度和持续时间差异大、多种异常操作连续多次发生等现实情况，同时考虑实时识别的快速性和算力配置的低成本性，分析快递物流全流程的固定场所中各种暴力分拣行为耦合发生的可能情况，将暴力分拣行为按持续时间长度划分为大、中、小三种基本尺度，明确每种尺度对应的行为持续和交叠情况。基于 YOLOv5s 这一轻量化深度学习神经网络的基础结构，研究构建简化的多尺度特征卷积模块，并构建面向大、中、小三种尺度的多尺度识别模块。

（2）面向双重不均衡的网络训练算法优化

针对多种暴力分拣行为连续发生时的各类别特征样本数量不均衡、各特征样本复杂程度不均衡的双重不均衡问题，研究基于均衡交叉熵的损失函数的改进方法，提高 YOLOv5 网络的学习精度。针对随机初始化网络参数引起的过拟合问题，研究基于冻结参数和微调参数的多阶段迁移学习方法，提高 YOLOv5 网络的学习训练效率和鲁棒性。

下面，对基于图像识别的行为识别的技术路线进行描述。

首先，需要进行视频/图像数据的预处理。根据具体场所的光线、角度、分辨率、帧率等基础环境参数，研究视频数据的自适应截取和切片算法，基于中值滤波等成熟便捷的算法进行图像数据的净化和消噪，完成视频/图像数据的预处理。针对固定场所中的各种目标操作人员，研究基于帧间差分和背景相减的运动目标检测算法，使其能够灵活适应不同分辨率图像。针对固定场所中的背景遮挡、自遮挡和目标遮挡等问题，对移动的人体目标进行非线性动态建模，研究基于经典卡尔曼滤波和粒子滤波的运动目标追踪和跟随算法。

其次，进行网络结构优化。为解决多个暴力分拣动作耦合发生情况下的精准识别问题，研究提出轻量化多尺度的 YOLOv5 网络结构优化方法。为更好地实现网络轻量化，本书拟采用 YOLOv5s 作为基础结构，进一步降低网络节点及其权值的规模。多尺度主要面向大、中、小三种不同尺度：大尺度用于摔砸、踢踹、抛扔、踩踏等三个及以上连续或交叠动作的识别；中尺度用于常发的摔砸、踢踹等两个连续动作的识别；小尺度用于短时的单一类型动作识别。在 YOLOv5s 网络中的多尺度适应值应根据三种不同尺度进行自适应设置。

最后，对识别算法进行优化。这部分主要分为损失函数改进和多阶段迁移学习。对于损失函数改进，由于不同企业、不同区域、不同线路的快件在物流全流程中发生暴力分拣的次数差别较大，因此各暴力分拣动作的视频/图像特征样本量并不均衡。同时，多尺度的辨识中，特征样本的尺寸和复杂度差别也较大。因此，针对各类型特征样本数量和特征样本复杂度的双重不均衡导致损失函数梯度更新方向不准的问题，本书提出改进的损失函数计算方法。

改进后的损失函数不仅可以均衡不同复杂度的特征样本，还可提高样本集中占少数的特征样本的贡献度，在未增加计算负担的前提下有效解决双重不均衡所带来的辨识精度低的问题。

对于多阶段迁移学习，考虑到深度学习的数据饥饿特性，针对随机化网络参数可能带来的过拟合和训练效率降低的问题，采用基于迁移网络特征进行初始化参数学习的方法。

首先，加载实验室模拟环境下的单一暴力分拣行为识别的训练权重，选择多个预冻结的卷积层，分别对其过滤器进行分析，确定多个代表性层数进行迁移。然后，分两个阶段进行迁移学习：第 1 阶段采用冻结操作，冻结选中层数之前的参数，用较大的学习率训练后层参数；第 2 阶段采用微调操作，动态变换学习率并微调所有层参数。

参考文献

[1] 尚淑玲. 基于计算机视觉的物流暴力分拣行为识别[J]. 计算机仿真，2013，30(12):430-433.

[2] Borstell H. A short survey of image processing in logistics-How image processing contributes to efficiency of logistics processes through intelligence[C]. The 11th International Doctoral Students Workshop on Logistics, 2018, Magdeburg, Germany.

[3] Borstell H, Reggelin T. Towards Virtual Commissioning of Image-based Information Systems for State Detection in Logistics[J]. IFAC-PapersOnLine, 2019, 52(13):2463-2470.

[4] Riestock M, Fessel K, Depner T, et al. Survey of Depth Cameras for Process-integrated State Detection in Logistics[C]// Smart SysTech 2019 European Conference on Smart Objects, Systems and Technologies. 2019.

[5] 刘稳. 计算机视觉在物流仓储安全管理中的应用研究[D]. 淮南: 安徽理工大学, 2019.

[6] 陈松乐, 孙知信. 一种基于深度学习的物流快递驿站异常行为识别方法[J]. 物流科技, 2020, 43(09):50-54.

[7] 相鹏. 一种暴力分拣识别方法、装置、设备及存储介质: CN112241665A[P]. 2021-01-19.

[8] 杨周龙, 李斯, 徐梦佳. 快件分拣异常动作的识别方法、装置、设备及存储介质: CN111368730A[P]. 2020-07-03.

[9] 李斯, 赵齐辉. 基于VGG网络的暴力分拣识别方法、装置、设备及存储介质: CN111832466A[P]. 2020-10-27.

[10] 德邦股份:与华为合作开发了AI防暴力分拣系统[J]. 股市动态分析, 2019(36):30.

[11] 刘永霞, 李芳媛, 沈翀, 等. 一种暴力分拣的识别方法及装置: CN111209846A[P]. 2020-05-29.

第3章

基于惯性传感的物流安全
检测技术

本章主要是介绍基于惯性传感的物流安全检测技术中的软硬件系统以及若干关键技术。基于惯性传感的物流安全检测技术是一项依托于部署在物流运输现场的惯性传感设备，通过硬件检测与算法识别对物流运输全流程进行实时环境检测与评价并提供相关决策数据的技术。该技术主要针对物流运输过程中的暴力分拣问题，以物流检测设备和专业的检测数据分析算法、模型为技术核心，应用于物流产业链全流程多视角的环境检测场景。

该技术由智能惯性传感终端实时采集包裹的三轴加速度数据以及时间、位置等信息，然后利用通信模块将潜在异常数据上传至物流安全检测云平台进行特征提取和模式识别，最终将包裹受到非规范操作的时间、地点、操作类型等信息进行匹配并保存至数据库中供用户查询。该技术在硬件层面设计并实现了一种基于惯性传感的数据采集终端，在算法层面设计并实现了一套完整的智能识别算法。

本章节后续部分将分别从硬件终端、识别算法和软件平台三个方向介绍基于惯性传感的物流安全检测技术。

3.1
基于惯性传感的物流安全检测技术实现流程

基于惯性传感的物流安全检测技术工作方法的关键流程为：数据采集、潜在异常数据截取、潜在异常数据上传、数据分析处理和结果查询。具体的工作步骤流程如图 3.1 所示。

步骤 1：将设置好工作参数的数据采集终端固定于待检测包裹内，数据采集终端开始实时检测包裹加速度状态。

步骤 2：当惯性传感器采集到的加速度数据出现异常波动时，触发数据截取。

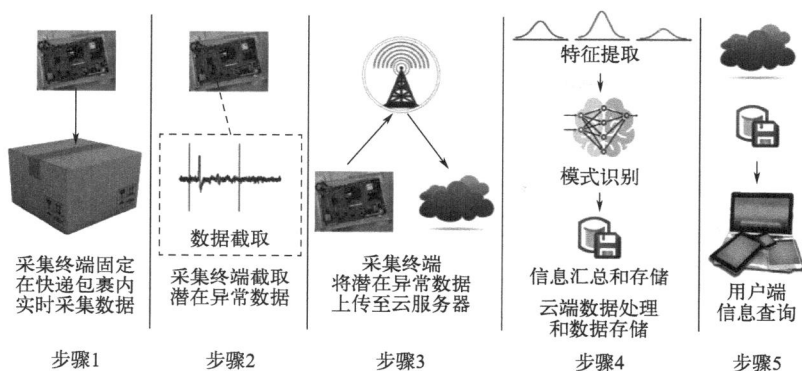

图3.1 基于惯性传感的物流安全检测技术工作流程

步骤3：数据采集终端将被截取出的潜在异常数据保存至数据存储模块内（数据备份），并通过通信模块将其上传至云服务器。

步骤4：云服务器接收数据采集终端上传的潜在异常数据，执行必要的数据预处理工作后，进行模式识别，判断包裹当前所受到的操作的具体类别。如果判断结果为包裹存在异常状态，则将异常状态的类型、发生时间和地点等关键信息与包裹运单信息匹配，录入数据库中。

步骤5：待检测包裹的相关用户使用个人电脑、智能手机等设备，根据其权限等级通过 Web 界面查询数据库中记录的检测识别信息。

3.2

基于惯性传感的物流安全检测的硬件终端

这一小节中，提出了基于惯性传感的物流安全检测的硬件终端，其主要包含两个核心部分：智能惯性传感终端和基于振动能量收集的续航保持技术。智能惯性传感终端依靠其搭载的传感器集群检测处于运输状态下的物流包裹的实时环境数据，经由微处理器处理后通过通信模块进行数据的上传。基于振动能量收集的续航保持技术，通过电磁式振动能量收集装置将物流运输过程中产生的机械振动能量收集并转化为电能，经能量转化电路处理后进行储存，驱动智能惯性传感终端持续工作。

3.2.1 智能惯性传感终端

智能惯性传感终端是针对物流运输中跌落、抛扔、足踢等暴力分拣问题，设置于物流运输一线环境下的数据采集终端设备。其主要功能为：实时采集快递包裹的三轴加速度数据，当包裹的加速度数值出现异常波动时，将潜在异常加速度数据段截取，记录于数据采集终端配置的 SD 卡上（用于备份），并将其上传至云服务器。

为实现上述技术功能，基于惯性传感的物流安全检测的硬件终端应包含几个主要的功能模块：数据采集模块、微处理器模块、数据储存模块、通信模块。其实物如图 3.2 所示。数据采集终端关键配件选型见表 3.1。

表 3.1　数据采集终端关键配件选型列表

配件名称	生产厂家	型号	技术参数
微控制器	意法半导体	STM32H743VIT6	配置 AR.Cortex M7 内核，数据总线 32bit，程序存储器为 128KB，数据 RAM 大小为 1MB，最大时钟频率为 480MHz
加速度传感器	模拟仪器	ADXL372	测量范围 ±200g，支持 6400Hz 采样频率，误差不高于 ±0.5g
GPRS	Simcom	GPR.SIM800C	Quad-band:850/900/1800/1900MHz
屏幕	中景园电子	工业级	1.30in(约3.3cm)

数据采集模块以加速度传感器为核心功能部件，采集快递包裹的三轴加速度数据。通过查阅与本书研究相关的国内外学术文献，汇总了部分重要参考文献在其实验中用于振动、冲击等运动状态加速度测量的加速度传感器的采样频率信息，见表3.2。数据采集装置具有体积小、重量轻、低功耗和稳定等特点。数据采集终端的三轴加速度传感器的采样频率应足够高以确保采集到的加速度数据不失真，因此制定了三轴加速度传感器的最高采样频率应不低于3200Hz的技术指标要求。对于加速度传感器的采样精度和量程，根据实际数据采集场景，提出了误差不超过0.5g（1g ≈ 9.8m²/s），量程不低于±200g的技术指标要求。

表3.2 相关研究中加速度传感器采样频率汇总表

文献编号	场景	采样频率
文献[3]	航空快运物理环境测量和分析	200Hz
文献[4]	快递物流运输振动水平测量和分析	最小采样频率1000Hz
文献[5]	快递小包裹物流环境振动冲击测量和分析	100Hz
文献[6]	包裹运动状态识别	50Hz

为应对复杂多变的物流环境，除加速度传感器外，数据采集终端还搭载了地磁传感器、温湿度传感器、光照强度传感器和GPS及配套电路，以便于该设备在未来应用场景的拓展。各传感器性能要求如表3.3所示。温湿度传感器，每分钟采集一次温湿度，误差小于1℃；光照强度传感器，最高采样频率高于300Hz，误差小于0.5lx；陀螺仪，采样频率高于30Hz，误差小于2°；地磁传感器，用于协助测量货物的当前姿态，而不需要过多的要求；GPS信息每5分钟采集一次，误差不超过10m。

微处理器模块的核心部件MCU微控制单元用于对加速度传感器采集到的数据进行预处理，对潜在异常数据进行截取，将其记录并上传。因此，MCU微控制单元应确保数据处理的流畅，避免因MCU性能不足造成数据丢失、处理卡顿等问题。

表3.3 采集模块各传感器性能要求表

传感器类型	型号	性能指标
温湿度传感器	SHT31	湿度工作范围0～100%RH，温度工作范围-40～125℃
光照强度传感器	BH1750	量程1～65535lx，工作电压2.4～3.6V
地磁传感器	GY271	量程1.3～8Gs，工作电压3～5V
GPS	ATK-S1216	GPS信息每五分钟采集一次，误差不超过10m

存储模块用于对采集到的加速度数据进行本地备份，防止因无线传输时发生未知错误导致数据丢失。

通信模块用于将数据从终端设备传输到云服务器，通过终端的 GPRS 模组基于 MQTT（消息队列遥测传输协议）实现，上传数据的报文格式为 JSON（java script object notation）。综合考虑了数据采集终端数据上传的工况环境、数据量、传输成本、实现难度等因素，对比了 GPRS、5G、ZigBee 等通信模组后，选择了信号覆盖广、适合跨地域实时数据传输、实际应用带宽可达 100KB/s、按流量计费成本可接受且技术成熟的 GPRS 模组作为数据采集终端的通信模块。MQTT 是一种基于 TCP/IP 网络连接的轻量级发布/订阅范式物联网消息传输协议，最早由 IBM 公司提出，如今已经成为 OASIS（结构化信息标准促进组织）规范。该协议为实现低性能硬件设备在网络状况不佳的情况下的通信而设计，使用二进制格式编码和解码，且编码和解码过程非常简单。此外，MQTT 还有完善的 QOS（quality of service）机制，可以根据具体的应用场景提供三种不同的消息发布服务质量，分别是级别 0（至多一次）、级别 1（至少一次）、级别 2（恰好一次）。目前 OASIS 在早期的 MQTT v3.1.1 标准基础上发布了 MQTT v5.0 官方标准。由于 MQTT 具有开源、稳定、简单、拓展性好等特点，该协议已广泛应用于环境、设备监测等领域。因此在系统实现时，选择 MQTT 作为消息传输协议，所有数据采集终端都通过 TCP 连接到云服务器，云服务器通过主题的方式对各数据采集终端通信进行管理。上传数据的报文格式选择了 JSON。JSON 是一种轻量级的数据交换格式，其具有机器解析容易、传输效率高等优点。

鉴于国内快递寄递周期一般为 3 天以内，数据采集终端配备的电源应确保其连续工作时长不低于 72h。

此外，数据采集终端还应配备 LED 屏幕和实现必要逻辑功能的按键，以便于数据采集终端参数设定、校准等工作。

图 3.2 展示了惯性传感终端第一代与第二代实物。第二代设备在第一代设备基础上进行了布线优化以减小设备尺寸，从而便于

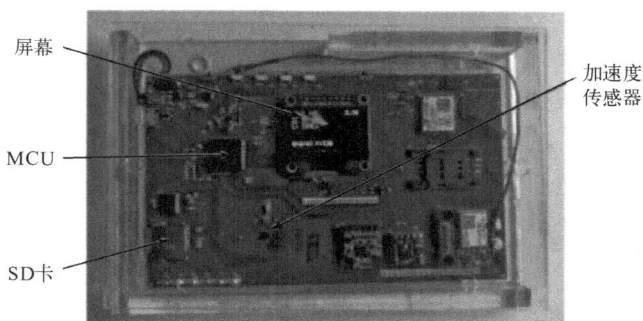

(a) 第一代

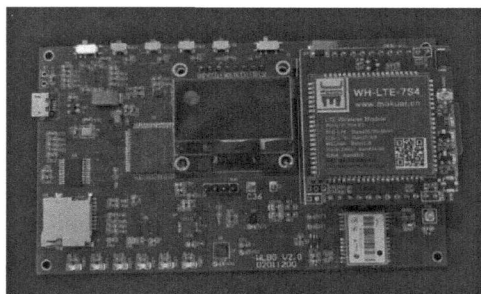

(b) 第二代

图 3.2　惯性传感终端照片

实际应用中的安置，同时优化了电源管理以延长设备连续工作时长，此外，还完善了物联网模块的通信功能。

3.2.2　基于振动能量收集的续航保持技术

自供电技术作为一种新型的供电技术，能够将周围环境中的各种能量（例如太阳能、机械能、挤压、摩擦等）转换为电能，从而驱动低功耗电子器件运作。

基于振动能量收集的续航保持技术是一种针对包裹运输实时状态监测的能源和续航问题，利用振动能量收集器和能量管理电路对物流安全监测硬件终端持续供电的关键技术。该技术为整个物流安全检测硬件终端提供持续稳定的电能，其硬件模块包含电磁式振动能量收集器、能量管理电路、锂电池和自供电电子显示屏。其中，电磁式振动能量收集器将振动产生的机械能转化为电能后输出交流电，经能量管理电路的整流升压，对锂电池进行充电，锂电池输出稳定的直流电供给惯性传感终端工作。

国内外关于电磁式振动能量收集装置中拾振部分的主要研究方向为直线式振动能量收集器。与摆动式的振动能量收集器相比，直线式振动能量收集器的能量收集范围较大，具有结构简单、易于制造、能提供高效可持续的电能等优点，适用于各种低功耗场景。在目前较为成熟的研究基础上，特别是随着电路集成化程度的不断提高和功耗的不断降低，许多低耗能设备的能量消耗目前已经降低至毫瓦甚至微瓦级别，因而从环境中获取的能量对于低功耗系统来说已经能够使得小型化直线振动能量收集器作为自供能设备与做功装置一体的部件进行使用。根据能量转换机制的差异，相关领域的振动能量收集技术主要包括静电式、压电式、摩擦纳米发电式、电磁式等。静电式能量收集装置的加工工艺较为复杂，其输出为高电压、低电流和高输出阻抗，且依赖外部驱动电源，不能完全实现自供电。压电式能量收集装置虽然结构简单，但主要用于采集不规则的冲击式振动，在物流运输这种以单向振动为主的能量收集环境下很难充分收集振动能量。磁致伸缩式振动能源收集器整体结构通常比较大，设计较为复杂。相比基于其他几种技术的振动能量收集装置，电磁式的振动能量收集装置具有结构简单、成本低廉、输出电流大等优势，应用场景十分广泛，并且无须外置电源，尤其适用于驱动低功耗的数字集成器件。

本小节介绍的"基于振动能量收集的续航保持技术"以电磁式收集技术为基础，共介绍了本团队提出的三种电磁式振动能量收集装置的结构及其工作原理。

（1）电磁式振动能量收集器的物理结构及相关原理

电磁式振动能量收集器的工作原理是基于法拉第电磁感应定律，在外界振动激励下，永磁体与线圈发生相对运动，线圈内的磁通量发生变化，从而产生感应电动势。电磁式振动能量收集器的显著优点是输出阻抗低、输出电流大。常见的电磁式振动能量收集器按照力的变化率可以分为线性与非线性两种。线性电磁式能量收集器主要基于线性弹簧结构的线性振动，当外界环境的振动频率与能量收集器的谐振频率一致时，发生共振，能量收集器的收集效率最高。但是，这种能量收集器的一个明显缺点是工作频率范围非常窄，环境频率稍作改变，其采集效率急剧降低。

本节所提出的三种电磁式振动能量收集器采用的是磁性弹簧结构。与传统的机械弹簧结构相比，磁性弹簧结构产生的是非线性作用力。此外，磁性弹簧结构能够有效避免因机械结构之间的物理碰撞产生的噪声和能量损耗，同时解决了由弹簧机械疲劳造成的拾振系统工作效能降低的问题。后两种能量收集器以第一种为基础，在结构上进行了改进，引入了双稳态机制，以拓宽能量收集系统的工作频带，使得其能在非恒定的振动频率下获得更好的能量收集效果，从而能够适应更复杂的工作环境。

第一代电磁式振动能量收集器立体效果如图 3.3(a) 所示。其内部结构如图 3.3(b) 所示，其中：容器 9 为绝缘材质的中空套筒，平行于振动方向固定在低频振动部件上；线圈 5 均匀缠绕在容器 9 的外壁中部；两个固定磁体 1、8 分别通过弹性元件 2、7 连接垫片 3、6，构成两个悬浮驱动单元，这两个悬浮驱动单元分别设置在容器 9 的上下两端，并具有相同的磁场方向；悬浮磁体 4 设置在容器 9 的内部，位于两个悬浮驱动单元之间，且同时与两个悬浮驱动单元的磁场方向互斥。

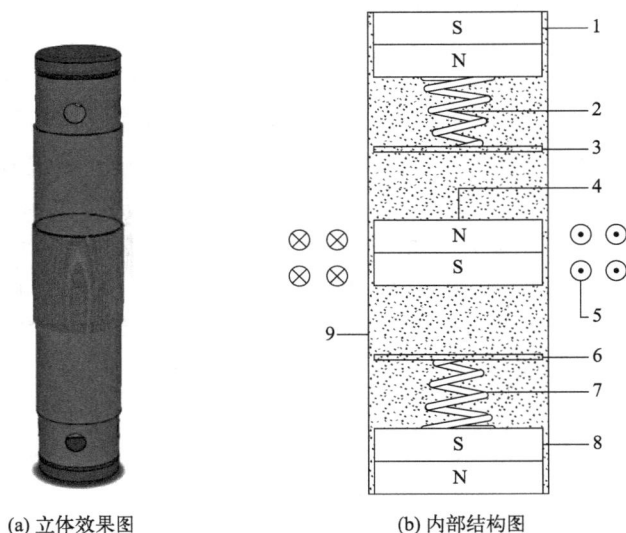

(a) 立体效果图　　　　　　(b) 内部结构图

图3.3　电磁式振动能量收集器

相邻磁体间产生的斥力相当于一个磁力弹簧，悬浮磁体 4 利用上下两个悬浮驱动单元的磁场斥力在容器 9 的中部保持悬浮状态。当能量收集器在外部激励作用下产生低频振动时，中间的悬浮磁体 4 沿容器 9 的内壁（即线圈 5 的中心轴线方向）与线圈 5 产生相对运动。线圈切割磁场中的磁感线，引起磁通量变化。根据法拉第电磁感应定律，此时会在外部线圈中产生感应电流，并输出感应电动势。

在上述能量收集器的基础上，对其结构进行优化，优化后的收集器采用球形磁铁作为动磁铁。其结合限位弹簧的恢复力、磁吸力和重力实现双稳态。球形移动磁铁被放置在一个直立的容器（能量收集器的外壳）中，两个圆柱形磁铁固定在容器的上下两端，如图 3.4 所示。球形移动磁铁与两个圆柱形磁铁之间的距离由弹簧与两个圆柱形固定磁铁之间的垫片控制。球形磁铁分别与两个弹簧接触后，弹簧受到一定程度的压缩，产生了两种稳定状态。两个线圈固定在容器外的稳定位置。当球形移动磁铁通过稳定位置时，线圈内磁通量的变化会产生电压。双稳态是一种非线性行为，已广泛用于能量收集。通常使用预加载力、磁悬浮甚至残余应力在这些装置中引入双势阱。当这些装置在两个势阱之间振荡时，移动磁铁的位移和速度增加。这种能量收集器比单稳态收集器具有更宽的频带和更强的发电能力。

随后，笔者又提出了一种具有更高能量输出效率和较宽工作带宽的能量采集器——S-CMEH。这种能量收集系统创新性地将球形移动磁铁和圆柱形移动磁铁组合得到球柱耦合移动磁铁，如图 3.5 所示。由于三个磁铁的相互吸引和黏附，它们在振荡期间保持为一个整体。为了保持球形磁铁相对于圆柱形磁铁的摩擦优势，球柱耦合移动磁铁（S-CMM）的圆柱形磁铁的半径小于管半径。圆柱形磁铁的半径与弹簧的外径一致，以确保与弹簧部分接触时不会引起不必要的旋转。其不仅保持低摩擦的优点，而且能够提高能量转换效率。

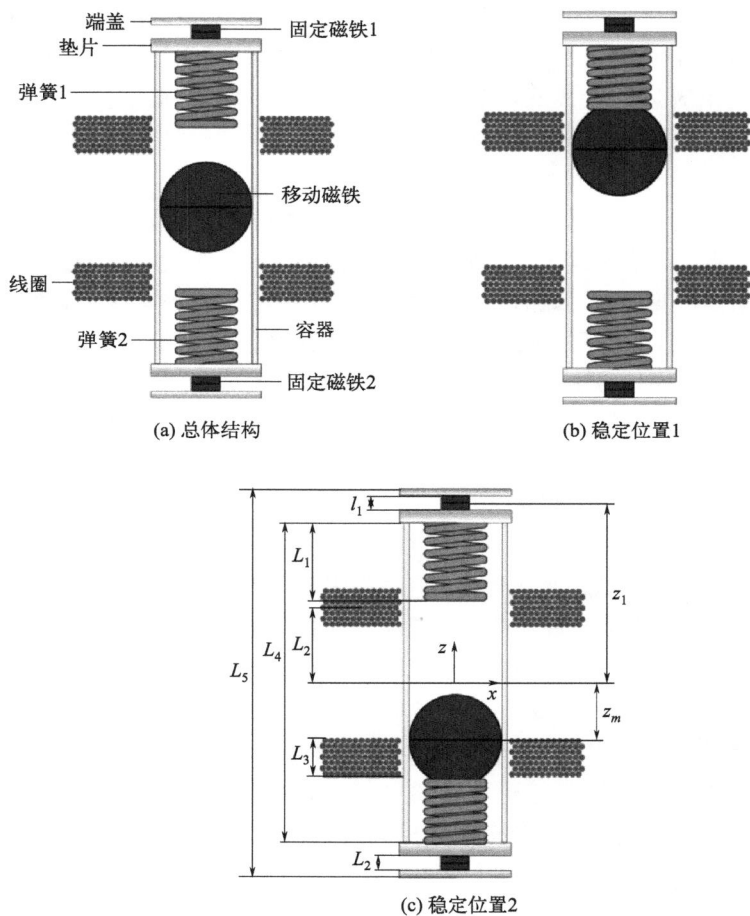

端盖 — 固定磁铁1
垫片
弹簧1
移动磁铁
线圈
弹簧2 — 容器
固定磁铁2

(a) 总体结构

(b) 稳定位置1

(c) 稳定位置2

图3.4　带有球形磁铁的双稳态电磁能量收集器结构图

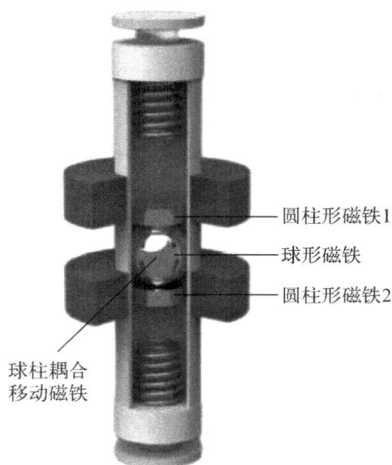

图3.5　球柱耦合移动磁铁的双稳态电磁能量收集器结构图

（2）振动能量收集器的数学模型

本书设计的电磁振动能量收集器的集总参数模型分析如图 3.6 所示，x、y 表示悬浮磁体位移和激励位移。

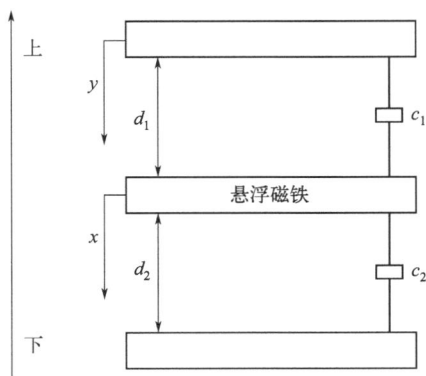

图3.6　集总参数模型

图 3.7 所示为悬浮磁体的动力学分析。

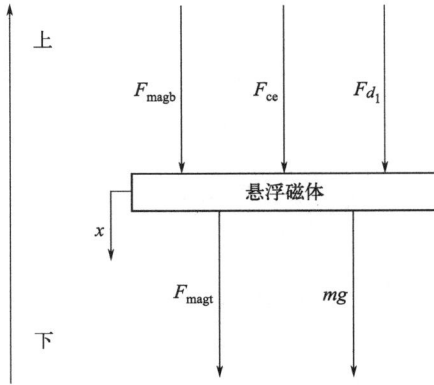

图3.7 悬浮磁体的横向受力分析

M_r、M_1 和 M_1 为两个固定磁体与悬浮磁体的磁体系数，$T = 4 \times 10^{-7}$H/m 为真空磁导率，三个磁体互相之间的间距为 d_1 和 d_2，则悬浮磁体受到的磁力为：

$$F_{magt} = \frac{3\tau M_r M_1}{2\pi (d_1 + x)^4} \tag{3.1}$$

$$F_{magb} = \frac{3\tau M_1 M_1}{2\pi (d_2 - x)^4} \tag{3.2}$$

在激励的作用下悬浮磁体发生运动，其中整体阻尼力为：

$$F_{d_1} = (c_1 + c_2) x' \tag{3.3}$$

式中，x' 为悬浮磁体的振动速度；c_1 和 c_2 分别为上下固定磁体对中间悬浮磁体的阻尼系数。线圈与悬浮磁体相对运动，受到的电磁力为：

$$F_{ce} = BIL_{coil} \tag{3.4}$$

式中，L_{coil} 为线圈的长度；B 为磁通量；I 为电流。

根据基尔霍夫电压定律得出系统的机电耦合方程：

$$\frac{dI}{dt} = \frac{V - I(R_w + R_1)}{L_w} \tag{3.5}$$

$$V = BL_{coil}x' \tag{3.6}$$

式中，R_w 为线圈电阻；R_1 为负载电阻。

将式（3.6）代入式（3.5）并简化得：

$$\frac{dI}{dt}L_w - BL_{coil}x' + I(R_w + R_1) = 0 \tag{3.7}$$

式中，I' 为电流的变化率；L_w 为电感。

至此，由两个微分方程得出本系统的控制方程：

$$\begin{cases} m_1x'' - \dfrac{3\tau M_r M_1}{2\pi(d_1 + x)^4} + \dfrac{3\tau M_1 M_1}{2\pi(d_2 + x)^4} + (c_1 + c_2)x' + BIL_{coil} - m_1g = -m_1y'' \\ \dfrac{dI}{dt}L_w - BL_{coil}x' + I(R_w + R_1) = 0 \end{cases}$$

$$\tag{3.8}$$

式中，y'' 为激励加速度。

电磁式振动能量收集器的功率表达式为：

$$P = I^2 R \tag{3.9}$$

对第二种（球形）能量收集器，本团队建立了含阻性负载电路的控制方程和整个系统的非线性动力学理论模型，将动力学方程与电气方程相结合，采用龙格 - 库塔法，得到了能量采集器的动态响应。在分析过程中，双稳态电磁能量采集器的分析模型被用来确定移动磁铁的位移、速度和加速度，然后可以获得采集器的工作频率和相应的输出电压。图 3.8 描绘了双稳态能量采集器球形移动磁铁的受力情况。

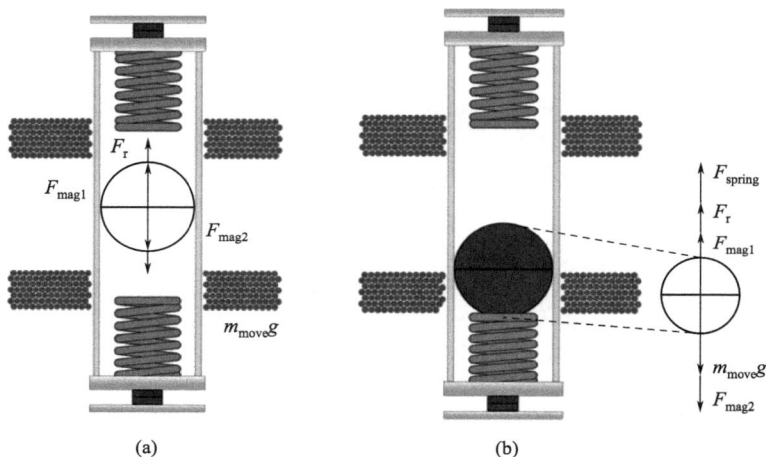

图3.8 双稳态能量收集器的受力分析图

如图 3.8(a)、(b) 所示，F_{mag1} 是固定磁体 1 对球形移动磁体向上的吸引磁力；F_{mag2} 是固定磁体 2 对球形移动磁体向下的吸引磁力；F_r 是与运动方向相反的摩擦力。如果球形移动磁体与弹簧 1 接触，则移动磁体受到的弹簧力向下；如果球形移动磁体与弹簧 2 接触，则移动磁体受到的弹簧力向上。为了理解和分析收集器的机电动力学，建立了分析模型。球形移动磁体的运动方程可以表示如下：

$$\frac{d^2 z_m}{dt^2} = -\frac{d^2 z_1}{dt^2} - \frac{F_{mag}}{F_{move}} - \frac{\Theta_m I}{m_{move}} - \frac{F_{spring}}{m_{move}} - \frac{F_r}{m_{move}} - g \quad (3.10)$$

式中，z_1 是外部激励的位移；z_m 是球形移动磁铁的位移；F_{mag}

表示两个固定磁体在垂直方向上的合力; Θ_m 表示电磁耦合因子; F_r 是摩擦力; m_{move} 是球形移动磁体的质量; I 表示线圈中的电流; g 表示重力加速度。

合力 F_{mag} 由固定磁体 1 和固定磁体 2 对球形移动磁体的吸引磁力(F_{mag1}、F_{mag2})组成。通过实验测量了磁场力,在对测量点进行拟合后,制定了磁力函数,然后将其集成到分析模型中。测试的过程和结果将在后文中解释,这些公式和函数如下:

$$F_{mag} = F_{mag1} + F_{mag2} \qquad (3.11)$$

$$F_{mag1} = ae^{bz_m} \qquad (3.12)$$

式中,a 与 b 为系数,经实验测定,$a=20$、26,$b=-478.8$。

F_{spring} 表示弹簧力,公式如下:

$$F_{spring} = \begin{cases} K_s \left[z_m - \left(\dfrac{1}{2} L_5 - L_1 - r_m \right) \right] & , \quad |z_m| > \left(\dfrac{1}{2} L_5 - L_1 - r_m \right) \\ 0 & , \quad |z_m| \leqslant \left(\dfrac{1}{2} L_5 - L_1 - r_m \right) \end{cases} \qquad (3.13)$$

式中,K_s 是弹簧系数; L_5 是采集器的长度; L_1 是弹簧的原始长度; r_m 是球形磁铁的半径。球形磁铁与容器内表面之间的摩擦力 F_r 通过使用卡诺普摩擦模型建模:

$$F_r = \begin{cases} k_v \dfrac{dz_m}{dt} & , \quad \dfrac{dz_m}{dt} > v_{min} \\ f_{re} sgn\left(\dfrac{dz_m}{dt} \right) & , \quad \dfrac{dz_m}{dt} \leqslant v_{min}, \dfrac{dz_m}{dt} \geqslant -v_{min} \\ k_v \dfrac{dz_m}{dt} & , \quad \dfrac{dz_m}{dt} < -v_{min} \end{cases} \qquad (3.14)$$

摩擦力模型考虑了以下影响: ①速度的黏性摩擦系数($k_v = 2.2 \times 10^{-2}$), ②低速时球形磁体的摩擦力($f_{re} = 5 \times 10^{-4}$)。$v_{min}$ 是球

形磁铁的最小速度，$v_{min}=5\times10^{-3}\text{m/s}$。基于线圈和基尔霍夫电压定律研究的基础上，结合电阻性负载，控制方程可以表示为：

$$L_w \frac{dI}{dt} + (R_c + R_l)I = \Theta_m v_m \tag{3.15}$$

式中，L_w 是线圈电感；R_c 和 R_l 是内部和负载电阻。根据法拉第电磁感应定律，线圈中感应的电动势 (ε, emf) 等于磁通量通过线圈的变化率，公式如下：

$$\varepsilon = \frac{d\Phi_m}{dt} = \frac{d\Phi_m}{dz_m} \times \frac{dz_m}{dt} = \frac{d\Phi_m}{dz_m} v_m = \Theta_m v_m \tag{3.16}$$

$$\varepsilon = 2\pi \frac{d}{dt}\left(\sum_{k=1}^{N_z}\sum_{j=1}^{N_r}\int_0^{r_j} B_z(r, z_k) r\,dr\right) \tag{3.17}$$

电磁耦合因子 Θ_m 表示通过线圈的磁通量相对于运动磁体位移的变化率。通过线圈的磁通量可由下列公式计算：

$$\Theta_m = \frac{d\Phi_m}{dz_m} \tag{3.18}$$

$$\Phi_m = 2\pi\left(\sum_{k=1}^{N_z}\sum_{j=1}^{N_r}\int_0^{r_j} B_z(r, z_k) r\,dr\right) \tag{3.19}$$

式中，N_z 和 N_r 是线圈的轴向匝数和径向匝数；$B_z(r, z)$ 是线圈坐标 (r, z) 处的磁场强度。$B_z(r, z)$ 可以表示为：

$$B_z = \frac{\mu_0 |m_r|}{4\pi}(-1)\frac{(z_m - z)^2 - 2(r)^2}{\left[r^2 + (z_m - z)^2\right]^{5/2}} \tag{3.20}$$

球形磁铁的偶极矩 m_r 为：

$$m_r = \frac{4B_r}{3\mu_0}\pi r_m^2 \tag{3.21}$$

式中，μ_0 为磁常数，$\mu_0 = 4\pi \times 10^{-7} \text{kg/(s}^2\text{A}^2)$；$B_r$ 为剩余磁通密度，$B_r = 1.3\text{T}$。建立模型方程，并将其放入仿真软件中，得到了球形磁铁的线圈电流 (I)、位移 (z_m) 和速度 (v_m)。然后根据电压的输出公式，得到系统的整体输出电压 (V)。

$$V = \frac{\mathrm{d}I}{\mathrm{d}t} L_w + I(R_w + R_1) \tag{3.22}$$

第三种（球柱耦合形）能量收集器的动力学建模与第二种相似，并在其研究基础上引入了电磁耦合因子的理论模型。其对应的磁场模型可表示为：

$$B_{c_1}(r, z) = \mu_0 M_z(r, z_{c_1}) + \frac{\mu_0 M_0 r_{c_1}}{2} \int_0^\infty \mathrm{e}^{-k|z_{c_1} - h_{c_1}|} - sgn(z_{c_1} - h_{c_1}) \mathrm{e}^{-k|z_{c_1}|}$$
$$\times J_1(kr_{c_1}) J_0(kr) \mathrm{d}k$$

$$\tag{3.23}$$

式中，$M_z(r, z)$ 是球柱耦合磁铁的纵向剩磁，$M_z(r, z) = M_1 \Pi Q(r; r_m) \Pi Q(z; h_m)$，其中 $\Pi Q(x; \alpha)$ 是矩形波函数，$\Pi Q(x; \alpha) = H(x) - H(x - \alpha)$；$sgn(x)$ 是 x 的符号函数；J_p 是第一类整数阶 p 阶贝塞尔函数；z_{c_1} 是柱形磁铁 1 的位移，因为柱形磁铁 1 的中心位于球形磁铁的上侧，所以 $z_{c_1} = z + (1/2) r_s + (1/2) h_{c_1}$，相同的逻辑适用于柱形磁铁 2。

根据式（3.23），对于其法向矢量 $\boldsymbol{n}$ 沿着 z 轴定向的电路 C，电路上的感应电场由下式给出：

$$\oint_C \boldsymbol{E} \cdot \mathrm{d}\boldsymbol{l} = -\oiint_S \frac{\partial \boldsymbol{B}}{\partial t} \cdot \boldsymbol{n} \mathrm{d}a = -\oiint_S \frac{\partial B_z}{\partial t} \mathrm{d}a = -\oiint_S \frac{\partial B_z}{\partial z} \times \frac{\partial z}{\partial t} \mathrm{d}a = -\oiint_S \frac{\partial B_z}{\partial z} v \mathrm{d}a$$

$$\tag{3.24}$$

式中，$\mathrm{d}a$ 是 S 上的面积元素。因此，感应电场可以表示为：

$$\oint_C \boldsymbol{E} \cdot \mathrm{d}\boldsymbol{l} = -v_{\mathrm{m}} \oint_S \frac{\partial \boldsymbol{B}}{\partial t} \mathrm{d}a = -v \int_0^{rb} \int_0^{2\pi} \frac{\partial B_z}{\partial z} \mathrm{d}\theta \rho \mathrm{d}\rho = -2\pi v \int_0^{rb} \frac{\partial B_z}{\partial z} \rho \mathrm{d}\rho \quad (3.25)$$

根据式（3.24）和式（3.25），感应电动势可以表示为：

$$\oint_C \boldsymbol{E} \cdot \mathrm{d}\boldsymbol{l} = -\pi \mu_0 M_1 r_{c_1} r_{c_0} v \int_0^\infty \left(\mathrm{e}^{-k|z_{c_1}-h_{c_1}|} - \mathrm{e}^{-k|z_{c_1}|} \right) \times J_1\left(r_{c_1}k\right) J_1\left(r_{c_0}k\right) \mathrm{d}k$$

$$(3.26)$$

式中，r_{c_o} 是线圈内圆的半径。由移动磁体产生的感应电动势可以表示为：

$$\varepsilon_c = \eta \int_{z_c-\frac{l_c}{2}}^{z_c+\frac{l_c}{2}} \frac{\partial \varepsilon}{\partial z} \mathrm{d}z = \eta \int_{z_c-\frac{l_c}{2}}^{z_c+\frac{l_c}{2}} \left(\oint_C \boldsymbol{E} \cdot \mathrm{d}\boldsymbol{l} \right) \mathrm{d}z = \eta \sum_i \int_{a_i}^{b_i} \left(\oint_C \boldsymbol{E} \cdot \mathrm{d}\boldsymbol{l} \right)_i \mathrm{d}z = \sum_i \varepsilon_i$$

$$(3.27)$$

基于模型的电磁耦合系数，电动势的表达式（ε_{c_1}）分为五个阶段（ε_i）。详细的表达式如式（3.28）所示。

$$\varepsilon_{c_1}\left(z_{c_1}, v\right) = \Theta_{c_1} v = \alpha v \int_0^\infty f_i\left(k, z_{c_1}, h_{c_1}, l_{c_0}, z_{c_0}\right) w\left(k, r_{c_1}, r_{c_0}\right) \mathrm{d}k, \quad i = \{1, \cdots, 5\}$$

$$f_1\left(k, z_{c_1}, h_{c_1}, l_{c_0}, z_{c_0}\right) = \mathrm{e}^{-k\left(z_{c_1}+h_{c_1}+z_{c_0}+l_{c_0}/2\right)} \left(\mathrm{e}^{h_{c_1}k}-1\right)\left(\mathrm{e}^{k\left(2z_{c_0}+l_{c_0}\right)}-1\right)$$

$$f_2\left(k, z_{c_1}, h_{c_1}, l_{c_0}, z_{c_0}\right) = \left[2 - \mathrm{e}^{-k\left(z_{c_1}+h_{c_1}+z_{c_0}+l_{c_0}/2\right)} \left(-1+\mathrm{e}^{h_{c_1}k}+\mathrm{e}^{k\left(2z_{c_0}+l_{c_0}\right)}+\mathrm{e}^{k\left(h_{c_1}+2z_{c_1}\right)}\right) \right]$$

$$f_3\left(k, z_{c_1}, h_{c_1}, l_{c_0}, z_{c_0}\right) = \left[\mathrm{e}^{-k\left(z_{c_1}+h_{c_1}+z_{c_0}+l_{c_0}/2\right)} \left(1+\mathrm{e}^{2k\left(h_{c_1}+z_{c_1}\right)}-\mathrm{e}^{k\left(h_{c_1}+2z_{c_1}\right)}+ \right. \right.$$
$$\left. \left. \mathrm{e}^{k\left(h_{c_1}+2z_{c_1}+2z_{c_0}+l_{c_0}\right)}\right) \right]$$

$$f_4\left(k, z_{c_1}, h_{c_1}, l_{c_0}, z_{c_0}\right) = -\mathrm{e}^{-k\left(z_c+l_{c_0}/2-z_1\right)} \left(\mathrm{e}^{h_m k}-1\right)\left(\mathrm{e}^{k\left(2z_c+2z_c+l_c\right)}-1\right)$$

$$f_5\left(k, z_{c_1}, h_{c_1}, l_{c_0}, z_{c_0}\right) = \mathrm{e}^{-k\left(z_{c_1}+h_{c_1}+z_{c_0}+l_{c_0}/2\right)} \left(\mathrm{e}^{\min\left(h_{c_1}, l_{c_0}\right)k}-1\right)\left(\mathrm{e}^{k\left(h_{c_1}+2z_{c_1}\right)}-1\right)$$

$$(3.28)$$

式中，z_{c_o} 为线圈中心到系统中心的距离；$\alpha = \pi \mu_0 M_1 r_{c_1} r_{c_o}$；$w\left(k, r_{c_1}, r_{c_o}\right) = J_1\left(r_{c_1} k\right) J_1\left(r_c k\right)$；$\eta$ 为线圈密度（单位：匝/m）；l_c 为线圈厚度；r_{c_o} 为线圈内圆半径。式（3.28）对于单线圈来说是感应电动势，对于两个线圈来说，需要将坐标系中感应电动势的相应值累加。

（3）能量管理电路的设计

由于公路运输车辆的振动能量较集中在 5 ～ 16Hz 频带之间，频率较低，因此，为了提升物流环境监测系统在公路运输环境下的续航能力，需对能量收集器的输出电压进行升压整流。实现升压功能的能量转化电路如图 3.9 所示，通过若干个顺序级联在线圈两端之间的充放电单元实现。

由于上述电路的能量收集策略采用大量电容实现能量转化，因此需要对电容进行充电。而在充电和放电的时间上是有着时间差的，充电时间往往会小于放电时间。因此，在不考虑负载的情况下，当能量收集器输出的交流电源处于负半周时，二极管 VD1 导通，交流电源对电容 C1 进行充电，此时 C1 上的电压即为左负右正；当输出处于正半周时，VD1 截止，VD2 导通，交流电源和 C1 上的电压叠加对 C2 充电，此时 $U_{C2}=2U_{C1}$。第二周期的负半周时，VD1、VD2 截止，VD3 导通，交流电源、C1 和 C2 叠加在一起为 C3 充电，但由于 C1 和交流电源此时极性相反，相互抵消，所以 $U_{C3}=U_{C2}$；在正半周时，VD1、VD2、VD3 截止，VD4 导通，交流电源、C1、C2 和 C3 叠加在一起为 C4 充电，同上原理，$U_{C4}=2U_{C1}$。如此往复，经过几个交流周期后，除了 C1 电容的电压等于电源电压，其余所有电容的电压都是电源电压的 2 倍。而输出电压等于 C2、C4、C6、C8、C10 的电容电压串联，因此实现了输出电压等于 10 倍输入电压。分析图 3.9 电路可知，当充电时间为 0.525s 时，输出电压达到 3V，当充电时间达到 3.5s 时，输出电压升高至 5V，随后电压值在此范围内小幅度地波动式增加。对于倍压电路的分析可知，电容 C1 增大时，其输出电压会增加；电容

C2 增大时，可以有效地减少输出电压达到稳定时的时间；电容 C3 的增大能够少量地增加输出电压，但对于达到稳态时的时间影响不大；电容 C4、C5、C6、C7、C8、C9、C10 的增大对输出电压影响不大，但是会延长进入稳态的时间。因此同时改变 6 个电容便可以达到一定的优化效果。

本书采用如图 3.9 中所示的 10 倍压整流电路来实现整流和升压功能。

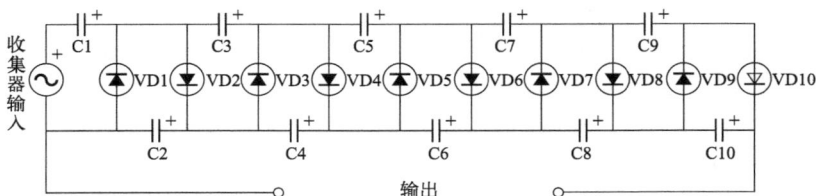

图 3.9　10 倍压整流电路

理论上，不考虑负载时，经过 10 个晶体二极管和 10 个等值电容的连续升压后，输出端电压应为输入端电压的 10 倍。但是考虑高阶倍压电路的带载能力较差，对于级数为 n 的倍压电路而言，一般认为其 n 级压降总和为：

$$\Delta U = [n + 2n + (n-1) + 2n + 2(n-1) + \cdots] \frac{I}{f^* C} \tag{3.29}$$

简化后为：

$$\Delta U = \left[\frac{2}{3} n^3 + \frac{1}{2} n^2 - \frac{1}{6} n \right] \frac{I}{f^* C} \tag{3.30}$$

故本书采用的 10 倍压整流电路的压降为：

$$\Delta U = \left[\frac{100}{3} n^3 + 10 n^2 - \frac{1}{3} n \right] \frac{5I}{f^* C} \tag{3.31}$$

以上 3 式中，n 为倍压级数；I 为输出电流；C 为电容值；f^* 为输入电压的频率。

可知倍压整流电路的输出电压为：

$$U_{\text{out}} = U_{\text{in}} - \Delta U \qquad (3.32)$$

式中，U_{out} 为输出电压；U_{in} 为输入电压。

（4）仿真及实测结果对比分析

为验证振动能量收集器的数学模型可行性和能量管理电路的性能，实验测试了不同频率激励下的振动能量收集器的输出，将试验结果和仿真结果做了对比，并进行了阻抗匹配分析，对能量管理电路的升压效果进行了仿真。

能量收集器的数学模型是两阶常微分方程组，采用 MATLAB 数值方法中的龙格 - 库塔法求解磁悬浮振动能量收集器在振动情况下的运动方程。龙格 - 库塔法的思想是根据某些点的值的线性组合构造公式，首先将其根据泰勒展开，再与初值问题解的泰勒展开式进行对比，按照使尽可能多的项完全相等的原则确定参数，从而确保公式具有更高的精度。

选取给定的激励 $y = A\sin[(2\pi ft)/(2\pi f)^2]$，将激励加速度作为输入，在 MATLAB 中编写振动能量收集器的振动方程，设置系统相应的参数和初值进行数值求解。

振动能量收集器性能测试的实验平台如图 3.10 所示，主要由信号发生器、功率放大器、加速度传感器、激振器、示波器等实验设备构成。信号发生器用于产生 8 ～ 11Hz 范围内不同频率的正弦激励信号，所产生的激励信号经过功率放大器后传输给激振器。振动能量收集器通过铝制专用夹具采用 M5 螺纹固定于激振器的振动台上。同时，能量收集器的另一端也通过夹具和 M5 螺纹固定有加速度传感器，用于感知振动能量收集器受到的实际激励。振动能量收集器的输出和加速度传感器的输出分别连接至示波器的两个通道。

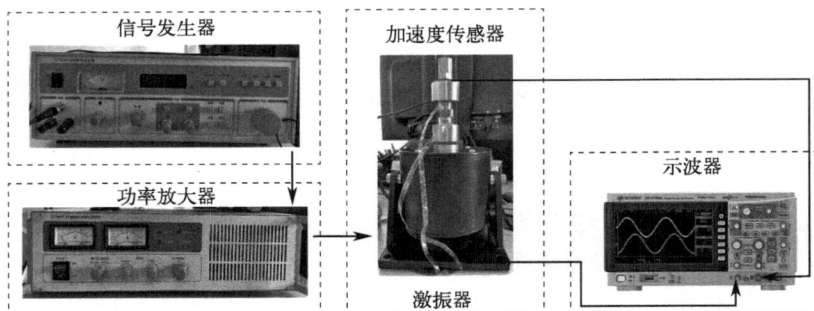

图3.10　振动能量收集器性能测试平台

　　信号发生器的输出为 8 ～ 11Hz 的正弦波。在信号频率确定的基础上调整功率放大器以保证激励大小保持与数学模型振幅一致稳定在 ±1g。振动能量收集器的输出直连示波器探头。

　　振动能量收集器的仿真和实测输出结果对比如图 3.11 所示，波形基本吻合。振动能量收集器在 8 ～ 11Hz 不同激励下的输出电压峰峰值均大于 1V，而激励频率为 9Hz 时输出电压峰的峰值最大，达到 3.12V，即在 8 ～ 11Hz 激励下的振动能量收集器有较好的响应特性，输出电压整体较高。

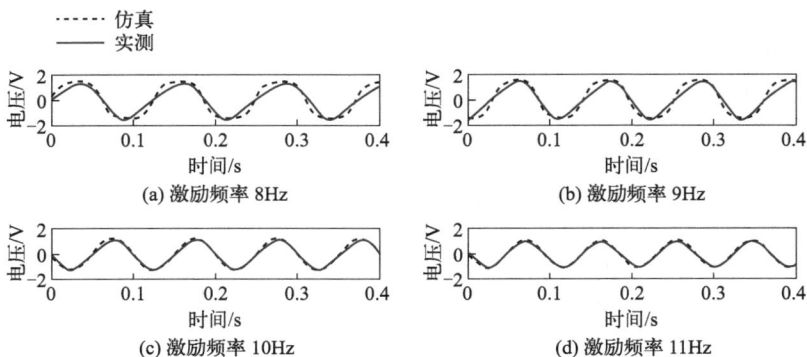

图3.11　振动能量收集器的仿真和实测对比

综上，实验结果表明本书提出的振动能量收集器数学模型有效，此结构也能够较好地收集快递包裹运输中的振动能量并有效地完成能量转换，其输出能够满足后续整流升压的基本条件。

针对输出功率最优化，通过外接负载进行了阻抗匹配实验。实验时保持设备输出效果最优时的激振频率9Hz不变，在不同负载下得出电压峰值并计算出其有效值，进而计算出功率，如图3.12所示。

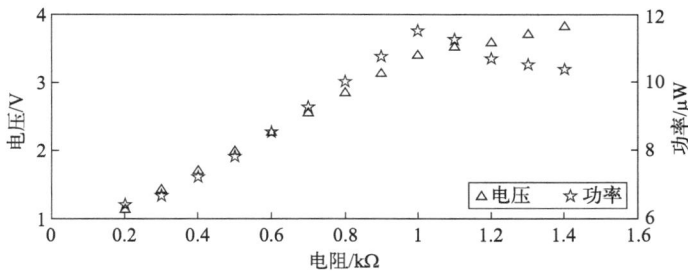

图3.12　阻抗匹配实验的输出电压峰值和功率

采用Multisim14.0进行了能量管理电路仿真。仿真试验中电源的峰值设为1V，频率60Hz。分析图3.9中提出的倍压整流电路可知，电容C1、C2、C3的增大能够增大输出电压，而其余电容增大对输出电压影响不大。因此，为确定其中各电容的大小，首先对C1、C2、C3在不同取值下的升压效果进行了试验。图3.13给出了C1、C2、C3设置为10μF、100μF、1000μF时的升压情况。由图可见C1、C2、C3为10μF和100μF时的效果相近且均优于1000μF时。因此，兼顾电容体积，将倍压整流电路中的所有电容均设置为10μF。

能量管理电路的输入和输出电压仿真结果如图3.14所示。输入电压为蓝色曲线所示的交流电。经过升压整流后的输出电压如红色曲线所示，逐渐递增后稳定在5V附近。可见，振动能量收集器的输出电压经过 10 倍压整流电路后可实现有效的升压和整流效果，满足为蓄电池充电的基本要求。可根据后端采集处理器件的不同功耗和多样化需求来计算具体的续航能力提升比例。

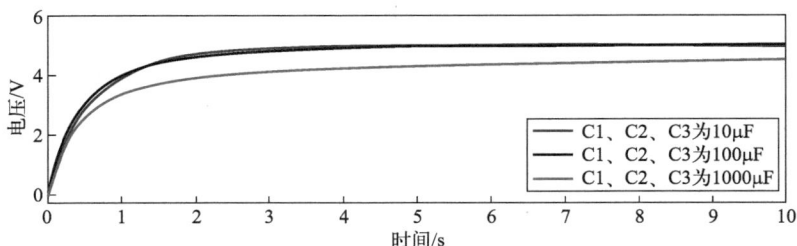

图3.13　C1、C2、C3 取不同值时的升压效果

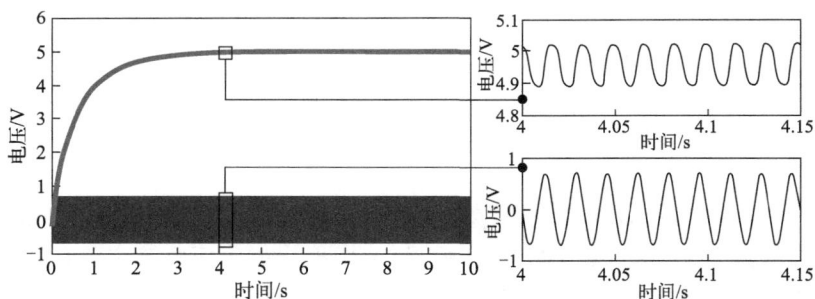

图3.14　能量管理电路的输出

对第二种和第三种能量收集器的势能进行分析，然后用龙格 - 库塔法将动力学方程和电学方程结合起来，得到系统的动态响应。得到的结果相似，以第三种能量收集器为例，图 3.15 显示了移动磁铁所受的合力（F_m）。磁力的非线性行为是明显的，尤其是在较远的距离上。固定磁铁和三个移动磁铁的实验结果如图 3.16 所示。

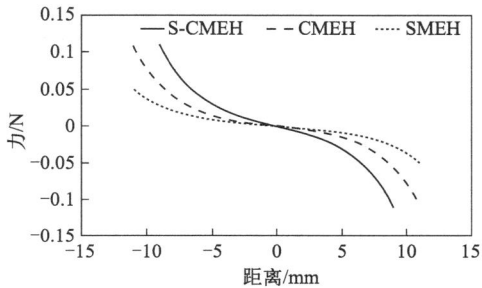

图3.15 球柱耦合形（S-CMEH）、柱形（CMEH）、
球形（SMRH）磁铁磁力比较

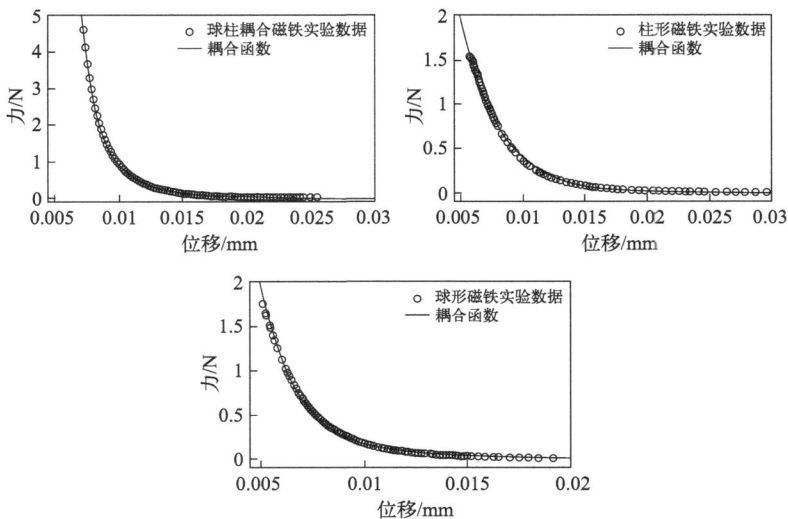

图3.16 分别通过线性耦合和实验研究比较球柱耦合、
柱形和球形磁铁的磁力

在分析重力势能、弹性势能、磁势能和总能量（不考虑摩擦引起的势能）的基础上，将这些能量结合起来，对能量采集器双稳态特性进行分析，如图 3.17 所示。势阱的深度决定了移动磁铁在两个势阱之间振动所需的能量输入。球柱耦合形移动磁铁的能量收集器进入双阱工作模式所需的输入能量最小。

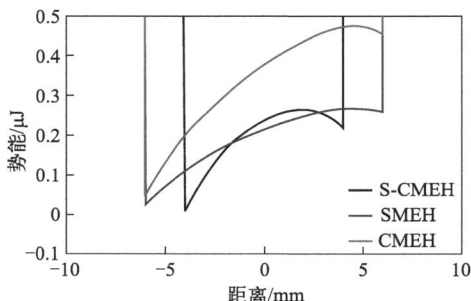

图3.17 双稳态能量收集器S–CMEH、CMEH和SMEH的势能比较

在势能分析后，对能量收集器的动态响应进行了研究。如图 3.18 所示，在不同的激励下，收集器呈现出不同的工作模式：单阱、混沌双阱和周期双阱。当输入能量不足以克服势垒时，采集器处于单阱工作模式，移动磁铁围绕稳定位置振荡。随着输入能量逐渐增加，系统进入混沌双阱工作模式，在弹簧 1 储能特性的作用下，移动磁铁周期性地与弹簧 2 接触。如图 3.18 中 (b) 和 (e) 所示，位移和速度相对增加，但性能不稳定且不可重复。但是，当输入能量克服势垒时，收集器也可以进入周期性双阱工作模式。在这种情况下，移动磁铁的速度远高于其他工作模式，性能相当稳定。系统克服势垒进入周期性双阱工作模式的最小输入激励被定义为基激励。此外，我们还分析了在基础激励（2g）下收集器在不同频率下的性能，如图 3.19 所示。随着频率的增加，移动磁铁的速度和位移范围不断增大。

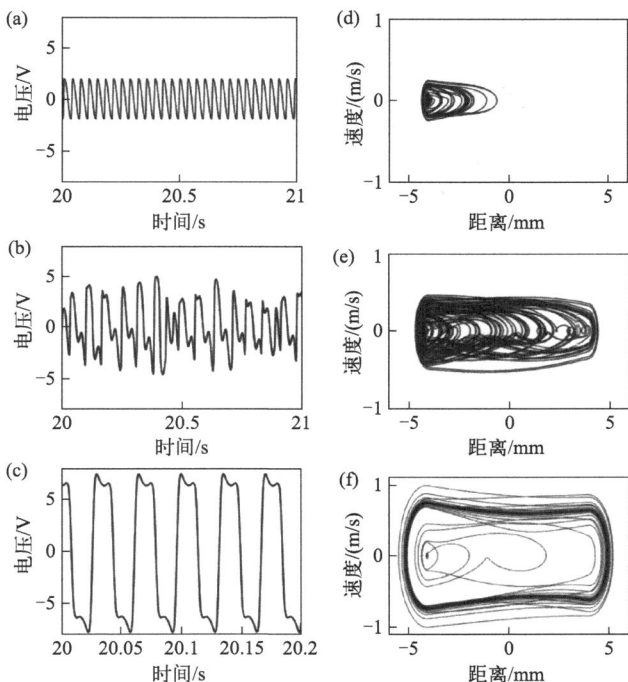

图3.18 在30Hz下，时域中的S-CMEH和速度对位移相位轨迹
(a)、(d)—1*g*下的模型；(b)、(e)—1.5*g*下的模型；(c)、(f)—3*g*下的模型

图3.19 呈现了在2*g*激励下获得的正向和反向扫频期间能量收集器的电压频率响应。图中可以看出，梯形包含从低频的突然上升和在高频的突然下降。低频处的突然上升是由于双稳态能量收集器从周期混沌双阱工作模式进入周期双阱工作模式。突然下降是因为系统从高稳定点移动到低稳定点。这种行为是非线性 Duffing 振子的特征，通常被称为频率跳跃现象。不连续性是由于在频率分支处多个能态共存而发生的。在反向扫频期间，电压峰值出现在较低频率处。前向和后向频率响应中的这种滞后表示多个解决方案的共存。

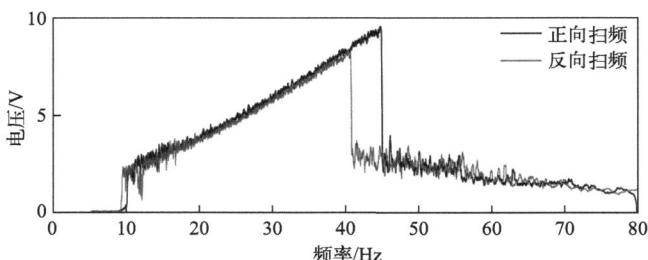

图3.19　球柱耦合能量收集器在2g激励时正反扫频的有效电压值

经过阻抗匹配实验，第二种能量收集器在 4.5g 激励下，工作频率范围为 12 ～ 43Hz，最大峰间输出电压为 18.9V。在 40Hz 和 900Ω 负载下，输出功率达到 11.5mW。第三种能量收集器在 2g 激励下的工作带宽为 9.5 ～ 45.1Hz，在 40Hz、1200Ω 负载下的输出功率达到 18.2mW，与传统的圆柱形和球形移动磁铁的能量采集器相比，基础激励更低，归一化输出功率更高。在相同的双阱工作状态下，球柱耦合形移动磁铁的能量收集器有效值与峰值之比分别提高了 23% 和 41%。

本小节介绍了三种基于振动能量的续航保持技术，利用振动能量收集器处于低频振动环境下部件的受迫振动，使悬浮磁体在空腔圆柱容器内滑动，进而使得悬浮磁体相对于线圈运动，激励产生感应电流并输出感应电动势。

3.3
基于深度学习的异常物流操作行为识别算法

在 3.1 小节中，我们介绍了一种基于惯性传感的物流安全检测的硬件终端，用于对快递包裹在运输过程中的实时三轴加速度数据的获取、储存、上传等操作。

在 3.2 小节的基础上，本小节提出了一种基于传感器集群和深度学习的包裹在途非规范行为检测识别方法，重点介绍数据获取后的识别流程所涉及的基于深度学习的异常物流操作行为识别算法。该算法首先截取出潜在异常样本，以加速度数据为例，对截取的三轴加速度数据加窗并提取窗内数据的均值、方差、峰度、偏态、动态范围、短时能量和过零率七种特征，再进行规范化处理，并对齐时间窗口数量，从而得到形如 3 轴 ×50 时间窗 ×7 种特征的传统特征矩阵。而后将规范化的传统特征矩阵送入一个带有 CDCE（channel dense concatenation excitation）通道注意力模块的 CNN-GRU（卷积神经元 - 门限循环单元网络）融合模型中，对规范化的传统特征矩阵的通道、空间和时间抽象关系特征再提取。最终得到识别结果。

3.3.1　加速度数据预处理（作为基于深度学习的识别算法的输入）

3.1 节中提到，在物流安全检测硬件终端采集到快递包裹的实时三轴加速度数据后，会对包裹的加速度数值出现异常波动的数据进行截取，将潜在异常加速度数据段记录并上传至云服务器。在研究过程中，先后采用过以下三种可行的数据截取策略。

（1）起始端阈值判别截取等长数据段

该策略是指当三轴加速度数据的任意一轴加速度的绝对值超过一个较低的数值 T 时，则该时间点作为触发点。从触发点前的第 m 个采样时间点到触发点后的第 n 个采样时间点间的三轴加速度数据被截取出来。这种截取策略将会截取出包含 $m+n+1$ 个采样时间点的等长的三轴加速度数据段。在本书提出的方法和系统实现过程中发现如果 T 取值过低，则数据截取频繁地触发，造成大量无用数据被储存和上传；而如果 T 取值过高，则可能会遗漏掉某些有价值的数据。经过反复测试和权衡，发现将 T 设置为 $5g$ 可以达到较好的效果。其中，从触发点前的第 m 个采样时间点开始截取是为了将加速度数值的绝对值突破 $5g$ 之前的波动完整截取出来。在三轴加速度传感器采样频率设置为 6400Hz 的情况下，m 可以设置为 49。考虑到一些暴力分拣操作可能导致快递包裹在主要冲击发生之后还有一系列的附加冲击，比如连续的翻滚等，因此为了让截取的波形能完整地反映一次暴力分拣操作作为激励时包裹加速度状态的响应，n 值应该取一个相对较大的数值。在三轴加速度传感器以 6400Hz 频率采样时，n 可以设置为 31950，截取数据的对应时长设置为 5s。

（2）双向阈值判别截取不等长数据段

该策略衍生自起始端阈值判别截取等长数据段的截取策略。起始端阈值判别截取等长数据段的截取策略有一个显著的缺点，即为了确保所有截取出的潜在异常加速度波形的完整性，等长数据段不得不对应一个较长的时间跨度，然而实际上大多数潜在异常加速度波形并没有如此长的时间跨度，这种情况造成了数据存储、通信和处理资源的浪费。因此，有必要对起始端阈值判别截取等长数据段的截取策略进行改进。在其基础上，增加一个反向的阈值判断，即可实现冗余数据的剔除。具体地，利用起始端阈值判别截取等长数据段的截取策略得到数据长度为 $m+n+1$ 个采样时间点的数据段后，从该数据段的第 $m+n+1$ 个采样时间点到该数据段的首个采样时间点对各采样时间点的加速度数据的绝对值进行逆向时序的阈值判别，找到逆向时序的首个任意一轴加速度数据的绝对值超过 $5g$ 的采样时间点，记作 End 点，那么从起始端阈值判别截取等长数据段的截取策略得到的 $m+n+1$ 个采样时间点的数据段的首个采样点到 End 点后的第 d 个采样点对应的全部三轴加速度数据为双向阈值判别截取不等长数据段的截取策略最终得到的不等长截取数据段。需要指出的是，在 End 点后延续了 d 个采样点的目的是保证潜在异常加速度波形恢复平稳状态的部分也被纳入截取数据段中，经测试发现三轴加速度传感器采样频率为 6400Hz 时，d 可以取 150。双向阈值判别截取不等长数据段策略的算法流程见图 3.20。

采样开始

$t = 0$

采样是否终止? ——是→ 结束

否

a_t

a_t大于阈值? ——否→ $t = t+1$

是

记$t = 0$

正向截取长为
$m+n+1$采样点的数据段
a_{0-m}至a_{0+n}

$r = 0+n$

a_r

a_r大于阈值? ——否→ $r = r-1$

是

记$r = End$
截取a_{0-m}至a_{End+d}数据段

$t = t+n$

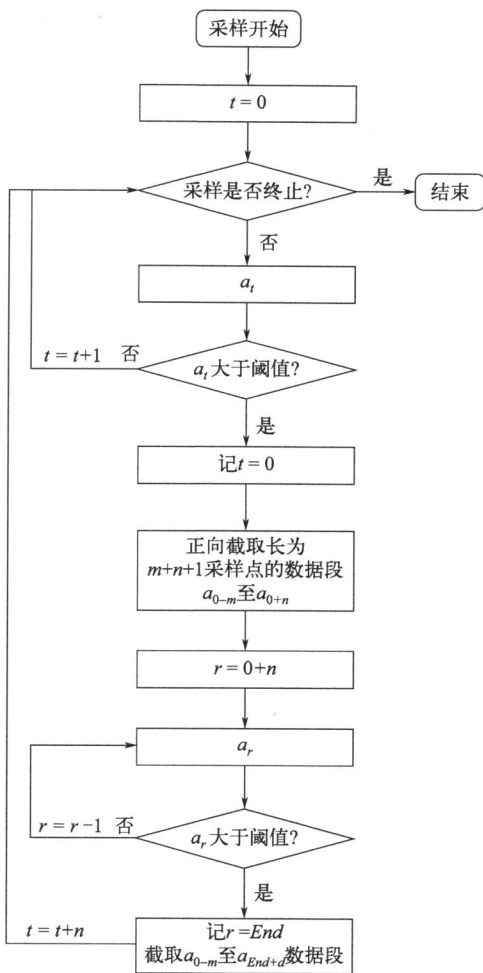

图3.20 双向阈值判别截取策略算法流程图

（3）基于双门限法的改进方法截取不等长数据段

双向阈值判别截取不等长数据段的截取策略解决了起始端阈值判别截取等长数据段的截取策略带来的数据冗余问题，但是该截取策略依旧存在缺点。双向阈值判别截取不等长数据段的截取策略需要采集完 $m+n+1$ 个采样点后再执行反向的阈值判断，这意味着该策略有一定的延迟。为了缓解双向阈值判别截取不等长数据段的截取策略存在的延迟问题，在参考了目前广泛应用于语音信号截取的双门限法的基础上，设计了一种改进的快递包裹潜在异常加速度波形截取算法。语音信号截取的双门限法基于语音信号过零率和短时能量的高低阈值，通过一系列逻辑判断实现语音信号的截取。但是快递包裹暴力分拣行为检测识别问题中，加速度信号与语音信号具有不同的特性。在对相关文献的查阅过程中，没有找到此前关于快递包裹加速度信号过零率和短时能量截取阈值的相关研究资料，阈值确定有一定难度，并且过零率和短时能量的计算相对复杂，对数据采集终端 MCU 的计算性能要求相应更高，不利于本书研究的快递暴力分拣行为检测识别方法大范围推广应用时，从降低硬件技术规格方面控制成本。因此，基于双门限法的改进策略选择了更直接的加速度绝对值作为阈值指标。针对快递暴力分拣行为检测识别问题的基于双门限法改进而来的数据截取策略的算法流程见图 3.21。

在基于双门限法的改进截取算法中，所有加速度数据取绝对值。逻辑判别过程中，a_t 表示 t 时刻采样点的三轴加速度数据任意一轴加速度数据满足条件即可，而 a_t 表示 t 时刻采样点的三轴加速度数据要全部满足条件。该算法中设定了 3 种状态标记符 $status$=0，1，2。$status$ 为 0 表示当前包裹的加速度状态正常，数据不需要截取；$status$ 为 1 表示当前包裹的加速度状态不确定，数据可能需要截取；$status$ 为 2 表示当前包裹的加速度状态异常，数据需要截取。t 为采样点按照时间顺序的绝对序号。在数据采集终

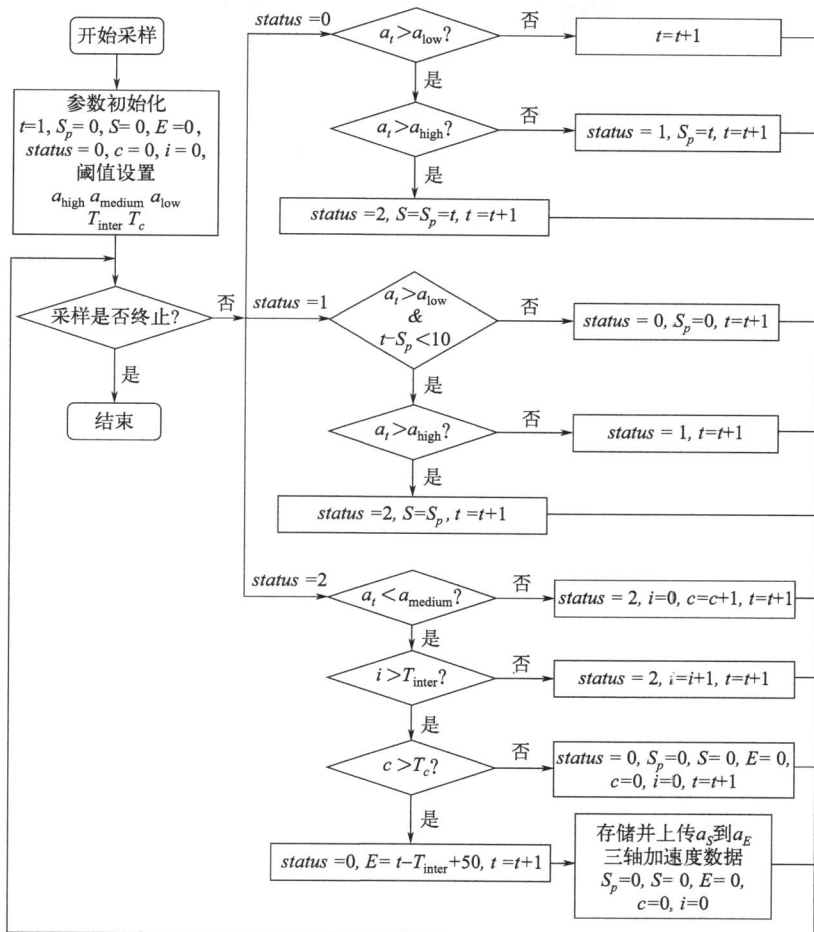

图3.21 基于双门限法的改进截取策略算法流程图

端开始采样时，需要对截取算法涉及的参数进行初始化。其中，S_p 表示某次截取的潜在开始起点，S 表示某次截取的正式开始起点，E 表示某次截取的正式结束终点，c 表示噪声检测计数变量，i 表示两次波动间的间隔采样点计数变量。S_p、S、E、$status$、c、i 初始化时设置为 0。a_{high}、a_{medium}、a_{low} 是加速度绝对值的高、中、低判别阈值，经过测试发现分别设置为 $5g$、$3g$ 和 $1g$ 即可获得较好的截取效果。T_{inter} 为波形间隔阈值，设置该阈值是因为暴力分拣行为在某些情况下会造成包裹加速度波形出现若干有间隔的冲击波动，此处的间隔是指波动之间有短暂的一段加速度近似为 0 的波形。测试发现这种间隔时长一般不会超过 1s，因此 T_{inter} 可以设定为 f_s。f_s 表示数据采集终端三轴加速度传感器的采样频率，比如数据采集终端的采样频率设定为 6400Hz，则 T_{inter}=6400。如果某冲击波形之后超过 T_{inter} 个采样点后任意一轴加速度绝对值都没有再超过 a_{medium}，则认为波形截取确实结束。T_c 为噪声判别阈值，如果截取数据段中任意一轴加速度绝对值大于 a_{medium} 的采样时间节点的个数小于 T_c，则认为此次截取的触发由严重的噪声引起，因而放弃本次截取。T_c 可以取一个较小的正整数，比如 10。噪声判别阈值的引入借鉴了语音识别中的双门限法，因为语音信号受环境影响，信噪比可能很低，所以设置噪声判别阈值是十分必要的。然而在包裹的加速度波形截取任务中，因噪声而触发截取的发生概率实际上很小，不过为了使该截取算法更加严谨，建议引入噪声判别阈值和相应的逻辑判断分支。

该截取算法的主体思想是逐个采样点依次根据其状态标记符进行相应的判别直至采样结束。进一步地，有三种情况：

当前状态标记符若为 0，对当前三轴加速度数据进行判断，所有轴加速度小于 a_{low} 则状态不变；任意一轴加速度大于 a_{low} 而所有轴加速度都小于 a_{high} 时，状态标记符置为 1，潜在开始节点 S_p 置为当前采样点按时间顺序的绝对序号 t；任意一轴加速度大于 a_{high}

时，状态标记置为 2，同时将 S 和 S_p 置为当前采样点按照时间顺序的绝对序号 t。

当前状态标记符若为 1，如果此前 9 个连续采样点的状态标记符都为 1 且当前所有轴加速度都小于 a_{low}，则状态标记符重置为 0；如果不满足则进行下一判别，任意一轴加速度若大于 a_{high}，状态标记符置为 2，同时，S 置为 S_p；否则保持状态标记符不变。

当前状态标记符若为 2，如果任意一轴加速度大于 a_{medium}，保持状态标记符不变，间隔计数变量 i 置为 0，噪声检测计数变量 c 加 1。否则，当前采样点可能位于波峰之间的间隔或者当前波形已经结束，此时如果 i 大于其阈值 T_{inter}，则确认波形截取完成，如果 c 大于 T_c，那么正式结束终点 E 置为 $t-T_{inter}+50$。从 a_S 到 a_E 的数据就是截取出的数据，将被数据采集终端 SD 卡保存并上传至云服务器。

基于双门限法的改进截取策略的截取效果见图 3.22。需要说明的是，数据尾部截取中使用了一个中间阈值，这么做的原因是测试中发现增加一个介于 a_{low} 到 a_{high} 之间的 a_{medium} 后，结尾截取点灵敏度控制更灵活，更容易取得令人满意的效果。

上述三种潜在异常加速度数据截取策略是随着本研究的逐步深入，依次从简单实现数据截取、解决数据冗余、减少截取延迟三个角度而提出，三种截取策略都可以与后续的压缩表达、模式识别算法框架对接并取得良好的识别效果。需要指出的是在解决数据冗余问题和减少截取延迟的过程中，双向阈值判别截取不等长数据段的截取策略和基于双门限法的改进截取策略的复杂度依次增加。在实际应用中，应综合考量截取算法的复杂度与数据冗余和截取延迟的平衡，根据实际情况选择合适的截取策略。

潜在异常数据段被截取后将上传到云服务器执行后续的处理。实验发现，直接使用规范化的三轴加速度原始数据送入本团队之前提出的模式识别模型时，模型难以拟合，并且单代训练时

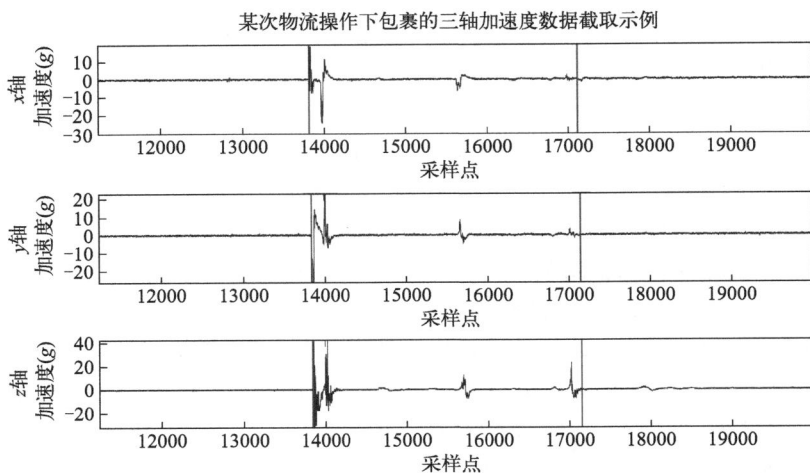

某次物流操作下包裹的三轴加速度数据截取示例

图3.22 基于双门限法的改进截取策略的截取效果示例

长严重超出了预期。这个现象并不难解释，在数据采集终端使用6400Hz 采样频率采集数据，采用双向阈值判别截取不等长数据段的截取策略时，每段数据被 padding（卷积神经网络中的填充步骤）为 3×32000 的矩阵，如果将这个矩阵类比为图像识别中的像素矩阵，其像素个数约等于 300×300 像素的图像。而常用于图像识别 CNN 模型测试的开源数据集 MNIST 的图像尺寸是灰度单通道 28 像素 ×28 像素，CIFAR 的图像尺寸是 RGB 三通道 32 像素 ×32 像素，为了实现对这些测试数据集有良好的识别性能，通常会加大卷积模型的深度并且在每个卷积层设置较多的卷积核（当然还涉及梯度传递时的残差结构等，此处不做赘述）。因此本团队之前提出的模式识别模型在使用原始三轴加速度数据作为输入时，模型的特征提取能力显然不足以支撑识别分类任务，因此出现了拟合困难的问题。在送入深度学习模型前，执行适当的特征提取可以极大提升识别精度和识别效率，因此尝试在加速度数据送入识别模型前进行前序的特征提取是必要的。

　　加速度信号常用的特征包括时域特征、频域特征、分形特征等。在对跌落、足踢、抛扔造成包裹加速度波形波动的情况进行分析时，发现其加速度波形由若干不规则类脉冲冲击峰构成，具有非周期、不平稳等特点，并不适合提取频域特征。经过测试，提取分形特征送入全连接网络后，其分类正确率只能达到 85% 左右，识别精度不能满足要求。因此时域特征是特征筛选的重点对象。在该研究中设计了一种基于遗传算法的特征选择策略，特征选择范围包括时域波形的均值、方差、标准差、峰度、偏态、最大值和动态范围。在本书中，又进一步引入了语音识别问题中常用到的特征，即短时能量和过零率特征，从而得到 9 种候选特征。这 9 种特征的计算公式见式（3.33）～式（3.41）。

$$\overline{X} = \frac{\sum\limits_{i=1}^{n} x_i}{n} \tag{3.33}$$

$$S^2 = \frac{\sum\limits_{i=1}^{n} (x_i - \overline{X})^2}{n-1} \tag{3.34}$$

$$S = \sqrt{S^2} \tag{3.35}$$

$$Kur = \frac{\sum\limits_{i=1}^{n} (x_i - \overline{X})^4}{(n-1)S^4} - 3 \tag{3.36}$$

$$Ske = \frac{\sum\limits_{i=1}^{n} (x_i - \overline{X})^3}{(n-1)S^3} \tag{3.37}$$

$$Max = \max[x_1, x_2, x_3, \cdots, x_n] \tag{3.38}$$

$$DR = \max[x_1, x_2, x_3, \cdots, x_n] - \min[x_1, x_2, x_3, \cdots, x_n] \quad (3.39)$$

$$E = \sum_{t_1}^{t_n} x_t^2 \quad (3.40)$$

$$ZCR = \frac{\sum_{i=1}^{n-1} |\text{sgn}[x_{i+1}] - \text{sgn}[x_i]|}{2n}; \text{sgn}[x_i] = \begin{cases} 1, x_i \geqslant 0 \\ -1, x_i < 0 \end{cases} \quad (3.41)$$

式中，$\bar{X}$ 表示平均值特征；S^2 表示方差特征；S 表示标准差特征；Kur 表示峰度特征；Ske 表示偏态特征；Max 表示最大值特征；DR 表示动态范围特征；E 表示短时能量特征；ZCR 表示过零率特征；待提取特征的数据段为 $X=\{x_1, x_2, x_3, \cdots, x_n\}$，包含 n 个加速度数值，max 表示取最大值，min 表示取最小值，sgn 表示符号函数。均值即平均数，是数据集中趋势的统计量；方差、标准差是衡量数据离散程度的统计量，方差是标准差的平方；峰度又称峰态系数，反映了波形中峰的尖锐程度；偏态又称偏度或偏态系数，反映了分布的偏斜方向和偏斜程度；最大值表示数据集合中数值最大的数据对应的数值；动态范围表示数据中数据数值分布的极差范围；短时能量在语音信号识别中表示帧内语音信号的总能量，用于对无声、清音、浊音进行区分，在加速度信号中，可以理解为时间窗内加速度信号的能量的累积量；过零率是指一个信号的符号变化情况，可以间接反映信号的波动，其特点是对异常信号的端点敏感。

在使用上述传统的时域特征时，以图 3.22 为例，观察时域波形不难发现在截取出的加速度数据中，冲击的波形仅占很短的时间段，那么如果直接对截取出的整段数据提取上述特征，将会带来如下问题：

① 以均值为代表的特征将会被稀释，不同样本的差异性将会

变小。

② 直接从整段数据提取时域特征忽视了时间维度内在的某些信息，比如图 3.22 中主要冲击波峰和后续附带冲击波峰之间的时间间隔信息并没有得到直观体现。

为截取出的数据加等长滑动时间窗可以有效解决上述问题，实际上加时间窗也是对长时间序列数据做时域处理中最常用的被广泛证明有效的手段。图 3.23 展示了滑动的时间窗口是如何解决上述问题的。对于加时间窗的参数设置问题，如果时间窗尺寸过小，可能会破坏波形的连续性，经过测试发现，过分缩小时间窗尺寸会导致模型识别正确率的下降；而如果时间窗尺寸过大，则加时间窗将丧失其意义，特别是上述两个问题不能得到有效解决。对比测试发现 0.1s 时长的时间窗尺寸是一个合适的选择。此外，为了提升通过特征提取实现压缩表达时的压缩能力，滑动窗口的步长设置为了窗口长度，也就是说各窗口计算时域特征时原始加速度数据不重叠。对于不等长的数据，在加时间窗时如果结尾数据不够填充满整个窗口，则补充包裹静止时采集到的标准数据段进行填充，填充满整个窗口后按照正常时间窗执行窗内特征提取即可。

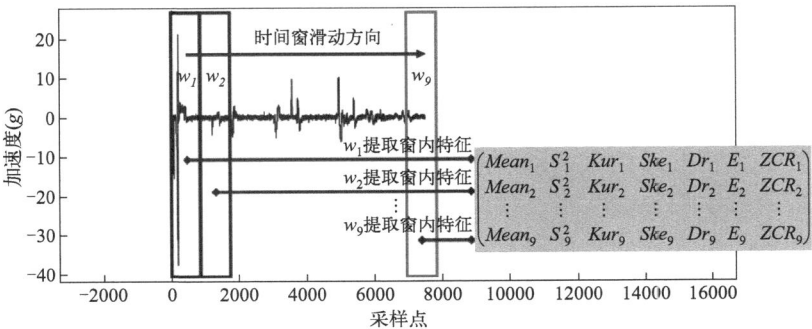

图3.23　滑动时间窗应用于包裹加速度波形特征提取的示意图

对于特征选择，考虑到复杂度问题，并没有采用基于遗传算法的特征筛选策略，而是采用了更为直接的后向特征剔除筛选策略。对于 x、y、z 三轴加速度的同种时域特征也并未对特征筛选策略进行拆分，而是作为一个整体看待。在本书的研究中采取了更为简单、直接的特征后向剔除策略。其目标是在不损失识别正确率的情况下尽可能减少特征的种类，这个过程也可以被看作是对数据压缩表达的优化。其具体做法是利用文献 [24] 使用的包含 515 个样本的训练集、包含 103 个样本的验证集和包含 103 个样本的测试集作为基准数据集；以文献 [24] 提出的 CNN 识别模型作为基准模型；以本书第 3 章所述的 9 种传统特征（均值、方差、标准差、峰度、偏态、最大值、动态范围、短时能量和过零率）的组合作为对比基准特征组合。使用基准数据集对基准模型重复进行了 3 次训练和预测，并记录 3 次重复训练和预测中得到的最优模型对基准数据集全部 721 个样本进行识别时识别错误的样本的个数。然后从 9 种传统特征中依次剔除掉其中一种特征并都重复进行 3 次训练和预测，同样记录最优模型对基准数据集全部 721 个样本进行识别时识别错误的样本的个数。从 9 种特征中剔除 1 种特征将得到 9 组由 8 种特征组成的特征组合，通过对比这 9 组特征组合情况下，训练和测试得到的最优模型识别错误的样本个数，可以找到对识别任务几乎没带来正面贡献或产生负面影响的特征，由此将其剔除。再以剔除 1 种特征后的 8 种特征的组合作为更新后的对比基准特征组合，重复上述操作，直到再剔除某种特征时，识别错误的样本数增加，则停止特征剔除。实验结果显示均值、方差、峰度、偏态、动态范围、短时能量和过零率是一组优秀的特征组合。对于该特征组合，添加特征不会提升识别正确率，而剔除特征则会导致识别正确率降低。图 3.24 展示了实验中包含 9 种特征、8 种特征、7 种特征和 6 种特征时最佳特征组合训练和测试得到的最优模型分类错误的样本个数。具体地，从上文提到的 9 种候选时域特征中，依次剔除掉对分类正确率没有贡献的特征。这是一个精简有效的遍历过程，每种特征组合在使用相同的识别模型情况下，重复进行 3 次训练和测试，取识别正确率最高的情况进行比较。最终发现均值、方差、峰度、偏态、动态范围、短时能量和过零率 7 种特征的组合效果最优。

　　传感器采集的数据在经过最大 - 最小规范化和时间窗数量对齐等一系列预处理操作后，即可作为基于深度学习的异常物流操作行为识别模型的输入。

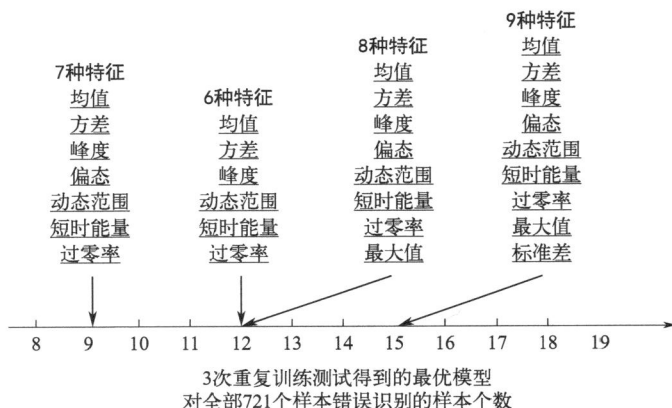

图3.24　特征筛选过程中后向剔除结果汇总

3.3.2　CNN

　　卷积神经元网络是一种以包含卷积计算为特征的，通常具备较深网络结构的前馈神经网络，它是深度学习最具代表性的算法之一。它相较于传统的 BP（back-propagation networks）模型具有局部连接、权值共享、结构化框架等特点。对卷积神经元网络的研究兴起于 20 世纪末，当时涌现出了一批诸如 LeNet-5 等经典的卷积神经元网络模型（LeNet 定义了 CNN 最基本的组成，如卷积层、池化层等）。进入 21 世纪后，随着深度学习理论不断完善以及计算设备运算能力突飞猛进，卷积神经元网络的研究进入加速发展阶段。近十年间更涌现出 Alex Net、googLeNet、ResNet、DenseNet 等深度卷积识别模型，可以实现更为复杂的目标定位任务的 Yolo、RCNN 等模型，以及实现目标像素级切割任务的 Mask RCNN 等模型。这些研究成果被广泛应用于计算机视觉等领域，取得了巨大成功。

CNN 模型的主要构成包括卷积层、池化层、Dropout 层、Batch Normalization 层等。以图像识别为例，CNN 最大的特点是卷积层可以通过滑动的卷积核实现对感受野的中心像素与相邻像素亮度之间关系特征的提取；池化层利用池化操作可以在不增加卷积核尺寸的情况下扩大感受野，实现对图像从局部到整体的结构化的特征提取，并且在一定程度上增强了模型的泛化能力；Dropout 层仅在模型训练中起作用，可以提升模型训练速度，减缓过拟合问题；Batch Normalization 层则可以加快模型的训练效率。

卷积层：以 CNN 中的二维卷积运算为例，其计算公式见式（3.42）。式中，$\text{conv}_{x,y}$ 表示二维卷积层单通道输入的第 x 行、第 y 列元素卷积运算的结果；p 和 q 分别是卷积核的长和宽，一般为奇数，所谓感受野即在输入的第 x 行、第 y 列元素为卷积中心的情况下，以输入中的 $[x-(p-1)/2, y-(q-1)/2]$、$[x+(p-1)/2, y-(q-1)/2]$、$[x-(p-1)/2, y+(q-1)/2]$、$[x+(p-1)/2, y+(q-1)/2]$ 四个元素为顶点的区域；v_i 为感受野内的元素对应的数值；b_i 为偏置项。在深层 CNN 模型中，通常一个卷积层包含若干卷积核以实现对不同特征的提取。假设模型第 l 层为卷积层，其输入为 n^{l-1} 个特征图（即模型第 $l-1$ 层输出 n^{l-1} 个特征图），该卷积层包含 n^l 个卷积核，则该卷积层输出 n^l 个特征图。对于该卷积层输出的 n^l 个特征图中的第 i 个特征图的第 x 行、第 y 列的元素 $v^l_{i,x,y}$，其计算公式见式（3.43）。在卷积计算过程中，假设某卷积层的输入尺寸为行 $A\times$ 列 B，卷积核尺寸为行 $P\times$ 列 Q，卷积核滑动步长为 S。如果对输入的边缘进行均匀的 zero padding，使输入扩展为行（$A+2C$）$\times$ 列（$B+2D$），则该卷积层输出的尺寸为行 $[(A-P+2C)/S+1]\times$ 列 $[(B-Q+2D)/S+1]$。特别地，如果卷积核滑动步长为 1，不对输入进行 zero padding 时，输出尺寸为行（$A-P+1$）$\times$ 列（$B-Q+1$）；而对输入进行 zero padding 且 $2C=P-1$、$2D=Q-1$ 时，输出尺寸为行 $A\times$ 列 B（输入、输出尺寸不变）。在 CNN 的训练中，卷积层的可训练参数为各卷积核的权重矩阵 $\boldsymbol{W}$ 和偏置向量 $\boldsymbol{b}$。卷积层在反向传播中与 BP 网络的链式求导稍有不同。假设已知第 l 层的误差为 δ^l 求第 $l-1$ 层误差 δ^{l-1}，见式（3.44）。式中 rot180 指将矩阵旋转 180°的翻转操作，$\sigma'(\ )$ 是激活函数的导数。进一步地，可以求得 $\boldsymbol{W}^l$ 和 $\boldsymbol{b}^l$ 的梯度，见式（3.45）及式（3.46），其中 $\sigma(z^{l-1})$ 表示第 $l-1$ 层激活后的输出。

$$\mathrm{conv}_{x,y} = \sum_{i}^{p\times q} w_i v_i + b \tag{3.42}$$

$$v^l_{i,x,y} = \sum_{j=1}^{n^{l-1}} \mathrm{conv}^l_{i,j,x,y} \tag{3.43}$$

$$\delta^{l-1} = \delta^l * \mathrm{rot}180(\boldsymbol{W}^l) \odot \sigma'(z^{l-1}) \tag{3.44}$$

$$\frac{\partial \boldsymbol{J}(\boldsymbol{W},\boldsymbol{b})}{\partial \boldsymbol{W}^l} = \sigma(z^{l-1}) * \delta^l \tag{3.45}$$

$$\frac{\partial \boldsymbol{J}(\boldsymbol{W},\boldsymbol{b})}{\partial \boldsymbol{b}^l} = \sum \delta^l \tag{3.46}$$

池化层：池化层的本质是下采样（subsampling），最常用的两种池化层分别是最大池化层和平均池化层，两种池化层的区别是下采样策略有所不同，最大池化取池化范围内的最大值作为输出，平均池化取池化范围内所有元素数值的平均数作为输出。以 CNN 中的二维池化为例，假设池化核尺寸为 $p \times q$，记 $p \times q = s_{\text{pool}}$。最大池化和平均池化计算公式见式（3.47）和式（3.48）。式中，MP 表示当前池化操作覆盖范围内执行最大池化得到的结果；AP 表示当前池化操作覆盖范围内执行平均池化得到的结果；R 表示当前池化操作覆盖范围内全部元素 v_{ij} 的集合，即 $R = \{v_{1,1}, \cdots, v_{i,j}\}$，其中 $i = p$，$j = q$。池化层在反向传播过程中，可以看作进行了上采样（upsampling）。对于最大池化，在正向传播时，记录池化操作覆盖范围内最大元素的位置，则反向传播时该位置的偏导数为 1，其他位置偏导数为 0；对于平均池化，则池化操作覆盖范围内每个位置的偏导数为 $1/s_{\text{pool}}$。

$$MP = \max(R) \qquad (3.47)$$

$$AP = \frac{\sum\limits_{i,j \in R} v_{i,j}}{s_{\text{pool}}} \qquad (3.48)$$

Dropout 层：引入 Dropout 层是一种防止模型过拟合的简单、有效的方法，其基本思想是在训练中，冻结一定比例的神经元不进行参数更新。图 3.25 展示了 Dropout 层的机理。

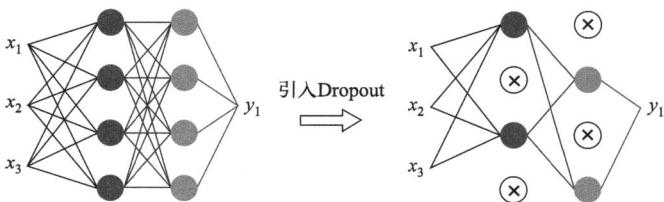

图3.25　Dropout机理示意图

Batch Normalization 层: Batch Normalization 最早是 Google 团队提出的训练优化方法，用以加快网络模型的学习效率。所谓 Batch 就是指模型训练时所设置的 batch size 中的 batch，所谓 Normalization 在原论文中给出的解释可以归纳为表 3.4。正向传播过程中，通过可学习的尺度参数 λ 和平移参数 β 求得 Batch Normalization 层的输出；在反向传播时，遵照求导法则，见式（3.49）～式（3.54）。在预测推理过程中，直接使用所有训练实例获得的统计量求取数学期望代替表 3.4 中的 λ 和 β。Batch Normalizaiton 可以在一定程度上解决梯度爆炸和梯度消失问题，其对训练的优化效果已经得到广泛承认。但是对于 Batch Normalization 的优化机理，目前学术界尚有分歧，一种观点认为引入 Batch Normalization 后每一层输入的分布的稳定性都得到了提高，因此减少了网络模型的内部协变量转移（internal covariate shift，ICS）问题；另一种观点则认为 Batch Normalization 起作用的根本原因是在网络的训练阶段使优化空间变得更加平滑。对于这些观点的争论本书不进行讨论。

表 3.4 Batch Normalization 伪代码

输入：	一个 batch 中的输入数据：$B=\{x_1, x_2, x_3, \cdots, x_{bs}\}$； 尺度参数 λ 和平移参数 β。
输出：	$y_i = \mathrm{BN}_{\lambda,\beta}(x_i)$，$x_i \in B$。

$$\mu_B \leftarrow \frac{1}{bs}\sum_{1}^{bs} x_i$$

$$S_B^2 \leftarrow \frac{1}{bs}\sum_{1}^{bs}(x_i - \mu_B)^2$$

$$\hat{x}_i \leftarrow \frac{x_i - \mu_B}{\sqrt{S^2 + \varepsilon}}$$

$$y_i \leftarrow \lambda\hat{x}_i + \beta \equiv \mathrm{BN}_{\lambda,\beta}(x_i)$$

$$\frac{\partial J}{\partial \hat{x}_i} = \frac{\partial J}{\partial y_i}\lambda \qquad (3.49)$$

$$\frac{\partial J}{\partial S_B^2} = \sum_{i=1}^{bs} \frac{\partial J}{\partial \hat{x}_i}(x_i - \mu_B) \times \frac{-1}{2}\left(S_B^2 + \varepsilon\right)^{\frac{-3}{2}} \tag{3.50}$$

$$\frac{\partial J}{\partial \mu_B} = \left(\sum_{i=1}^{bs} \frac{\partial J}{\partial \hat{x}_i} \times \frac{-1}{\sqrt{S_B^2 + \varepsilon}}\right) + \frac{\partial J}{\partial S_B^2} \times \frac{\sum_{i=1}^{bs} -2(x_i - \mu_B)}{bs} \tag{3.51}$$

$$\frac{\partial J}{\partial x_i} = \frac{\partial J}{\partial \hat{x}_i} \times \frac{1}{\sqrt{S_B^2 + \varepsilon}} + \frac{\partial J}{\partial S_B^2} \times \frac{2(x_i - \mu_B)}{bs} + \frac{\partial J}{\partial \mu_B} \times \frac{1}{bs} \tag{3.52}$$

$$\frac{\partial J}{\partial \lambda} = \sum_{i=1}^{bs} \frac{\partial J}{\partial y_i} \hat{x}_i \tag{3.53}$$

$$\frac{\partial J}{\partial \beta} = \sum_{i=1}^{bs} \frac{\partial J}{\partial y_i} \tag{3.54}$$

通过上文对 CNN 相关的概念、原理、特点和应用的介绍，结合本书研究的实际问题，对 CNN 模型进行简化。数据采集装置截取的原始数据（$3 \times N$，3 对应三个轴向，N 对应截取的 19200 个采样点）经过去噪处理后，会发现潜在异常操作的数据在峰峰值之间会有大量线加速度值趋于 0，这样直接提取特征，会降低不同异常操作特征之间的差异，经过加窗处理可以解决这个问题。数据去噪后加窗处理，这一步输入矩阵为 $3 \times N$，输出矩阵为 $3 \times N_w \times S_w$，其中 3 对应于三个轴，N_w 对应于时间窗口的数量，S_w 对应于时间窗口的大小。特征提取后要通过简化 CNN 模式识别，这要求输入矩阵大小固定，因此文中时间窗口设置为固定的 640。在每个时间窗口的线加速度数据中提取七个特征，最后输出的特征矩阵为 $3 \times N_w \times N_f$，N_f 是特征的数量。提取的特征矩阵为 $3 \times 30 \times 7$，7 代表提取的特征数量，类比图像识别，7 个特征数量相当于 3 种颜色作为输入通道，这启发我们采用卷积神经网络算法。与图像识别一样，在特征矩阵中同一时间窗口不同轴向特征关系和同一轴向不同时间窗口特征关系不能被忽略，卷积操作的引入解决了这个问题，例如 3×3 的卷积核可以挖掘同一轴向三个时间窗口和三个轴向的同一个时间窗口对应的 9 个特征之间的关系，CNN 中最核心的内容就是卷积层，卷积核大小是 $p×q$，卷积核权重为 w，卷积运算的公式如式（3.55）所示。

$$\text{conv}_{x,y} = \sum_{i}^{p×q} w_i v_i \tag{3.55}$$

提取的特征矩阵与图像识别输入的像素矩阵相比，特征矩阵大小紧凑，不存在复杂的层次关系。再加上本书讨论的快递包裹运输操作行为识别要求时效性，在保证识别正确率的前提下，简化 Alex Net，减少其网络结构层次和卷积核数量。简化的 CNN 主要由卷积层、池化层、LRN 层、全连接层和 Dropout 层组成，简化网络结构如图 3.26 所示。

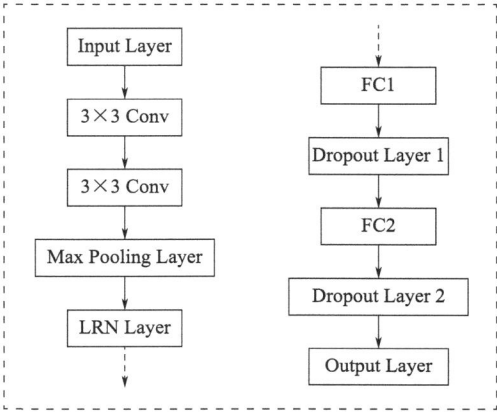

图3.26　简化CNN结构

输入矩阵大小为 $n \times 3 \times 30 \times 7$。其中 n 代表截取异常数据的总次数（样本总数）；3 代表三个轴向，即 x、y、z 轴；30 代表时间窗口数；7 代表提取的特征数量也对应通道数量。两个卷积层选用的卷积核大小都为 3×3，使用 ReLU 作为激活函数，通过对每层的输入矩阵进行填充保证输出的特征图（feature map）的大小不变，其中卷积层 1 使用 60 个卷积核，卷积层 2 使用 132 个卷积核。最大池化层是一种降采样操作，压缩数据量，减少过拟合程度，池化过滤器大小为 3×3，步长大小等于池内核大小。全连接层 1 包含 120 个神经元，全连接层 2 包含 48 个神经元，通过 tanh 函数激活，连接一个 Dropout 层，概率设置为 0.5，以避免过度拟合。最终输出层本质上也是一个完全连接的层，它包含 4 个神经元（对应正常、跌落、快速撞击和抛扔概率输出），通过 softmax 处理，输出矢量 Pr（$c1$，$c2$，$c3$，$c4$），其中 $c1$，$c2$，$c3$，$c4$ 加起来和为 1。

3.3.3 CNN-LSTM

本部分的 CNN-LSTM 模型，是在 3.3.2 节所述的 CNN 网络的基础上融合两层 LSTM 单元的一种复合神经网络。3 轴 $\times 50$ 时间窗 $\times 7$ 种特征的数据输入网络，按照时间窗的顺序依次拆分，得到 50 个 $3 \times 1 \times 7$ 的矩阵，每个时间窗内 $3 \times 1 \times 7$ 的数据分别通过两层卷积层提取特征得到 $3 \times 1 \times 64$ 的数据，这部分与 3.3.2 节所述两层卷积层结构一样，均提取的是输入数据的空间特征，经过全连接层的过渡得到 1×30 的特征向量，进而在 LSTM 单元将各时间窗串联的作用下提取时间序列特征。需要注意的是本部分所述网络在第一层全连接层前面加入 Dropout 层，因为在同一个数据集的数据输入网络调整参数时发现，加入 Dropout 层使本网络所预测的正确率结果有所提升。经过第一层 LSTM 单元的每个时间窗输出 9 个神经元，一共 450 个神经元。经过第二层 LSTM 单元的每个时间窗输出 3 个神经元，一共 150 个神经元。两层的 LSTM 单元能更好地提取数据中时间序列特征，LSTM 单元的数量与层数同样是在同一个数据集的数据输入网络调整参数为最优所得。再经过 Flatten 层的过渡得到 1×150 的特征向量，经过两层全连接层和一层 Dropout 层，最终输出 1×3 的特征向量分别对应三种复合动作的违规操作，顺序依次为推挡＋翻滚、足踢＋撞击、抛扔＋撞击＋跌落。图 3.27 所示为 CNN-LSTM 架构。

　　递归神经网络是一种隐藏层自连接的深度神经网络，隐藏层的输出不仅到达输出层，还参与下一个时间点的隐藏层运算。这种递归结构赋予了模型很深的网络深度。传统的递归神经网络将时间序列的历史信息存储在隐藏层的输出中。

　　网络输出和真实的结果存在残差，为了使输出尽量拟合真实结果，网络通过梯度下降来完成隐藏层中参数值的调整。在多层网络中，每层梯度下降可以用链式法则运算。隐藏层梯度下降的公式可以表示为：

$$
\begin{cases}
J = \dfrac{1}{2}(Z - Z_t)^2 \\[2mm]
W'_{xh} = W_{xh} - \alpha \dfrac{\partial J}{\partial Z_t} \times \dfrac{\partial Z_t}{\partial h_t} \times \dfrac{\partial h_t}{\partial W_{xh}} \\[2mm]
W'_{hh} = W_{hh} - \alpha \dfrac{\partial J}{\partial Z_t} \times \dfrac{\partial Z_t}{\partial h_t} \times \dfrac{\partial h_t}{\partial W_{hh}} \\[2mm]
b'_h = b_h - \alpha \dfrac{\partial J}{\partial Z_t} \times \dfrac{\partial Z_t}{\partial h_t} \times \dfrac{\partial h_t}{\partial b_h}
\end{cases}
\tag{3.56}
$$

　　式中，Z 为真实结果；α 为梯度下降的速率参数，学习速率过

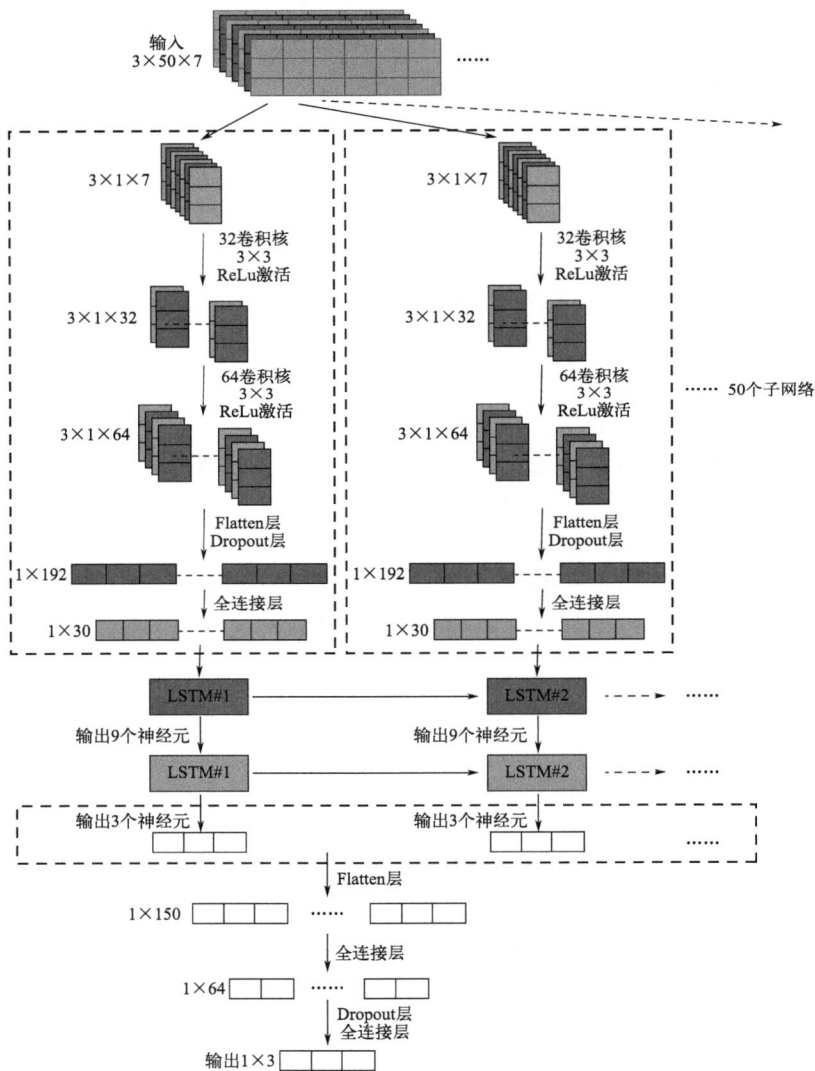

输入
3×50×7

3×1×7

32卷积核
3×3
ReLu激活

3×1×32

64卷积核
3×3
ReLu激活

3×1×64

Flatten层
Dropout层

1×192

全连接层

1×30

3×1×7

32卷积核
3×3
ReLu激活

3×1×32

64卷积核
3×3
ReLu激活

3×1×64

Flatten层
Dropout层

1×192

全连接层

1×30

······ 50个子网络

LSTM#1 → LSTM#2 ------ ······

输出9个神经元

LSTM#1 → LSTM#2 ------ ······

输出9个神经元

输出3个神经元

输出3个神经元

······

Flatten层

1×150

全连接层

1×64

Dropout层
全连接层

输出1×3

图3.27 CNN–LSTM架构

大导致学习的不稳定，速率过小导致极长的训练时间，并且可能陷入局部最优解。α 的初始值应设置为 0.8，之后随着偏差的缩小不断减少。

传统的递归神经网络存在梯度消失和梯度爆炸两个问题，无法进行长期的训练。长短期记忆递归神经网络通过引入存储单元解决这两个问题。LSTM 是循环神经网络的变形，在隐藏层神经单元中加入记忆单元，提取时间序列的特征并进行选择性输出。长短期记忆网络的细胞状态由输入门、输出门和遗忘门控制。在 t 时刻，状态计算如下：

$$\begin{cases} f_t = \sigma\left(W_f\left[h_{t-1}, x_t\right] + b_f\right) \\ i_t = \sigma\left(W_i\left[h_{t-1}, x_t\right] + b_i\right) \\ C = f_t \times C_{t-1} + i_t \times C_t \\ o_t = \sigma\left(W_o\left[h_{t-1}, x_t\right] + b_o\right) \\ h_t = o_t \times \tanh\left(C_t\right) \end{cases} \tag{3.57}$$

3.3.4　CDCE-CNN-GRU

CNN 模型直接使用二维卷积核对三维传统特征矩阵三轴之间和时间窗之间抽象关系进行特征再提取。从时间窗维度去看，这种方法实际上只考虑了相邻时间窗的关系，忽略了整个时序内时间窗间的信息传递。如果利用 CNN 对时间窗内空间的三轴关系进行特征提取，再利用 GRU 结构串联起整个时间窗序列，并对时间维度的传递关系进行特征提取，如此融合两种网络结构则可以充分发挥它们各自的优势。

门限循环单元网络（GRU）是循环神经网络（RNN）的一种。GRU 脱胎于 LSTM，其在简化了 LSTM 的结构的同时，继承了

LSTM 擅长时序数据处理的优点并基本保持了其良好的性能。传统的 RNN 在对长时间序列的处理过程中，反向传播学习时容易出现严重的梯度消失 / 梯度爆炸问题。因此，研究者们针对传统 RNN 的改进进行了研究，LSTM 以及包括 GRU 在内的各种 LSTM 变体应运而生。LSTM 和 GRU 都是通过内部控制门机制实现长短期记忆与当前时间步输入的调节。不同之处在于 LSTM 中，通过输入门、遗忘门和输出门分别控制输入、记忆和输出；而在 GRU 中，内部门控简化为了更新门和重置门。LSTM 和 GRU 的结构分别见图 3.28 和图 3.29。具体地，在 LSTM 中，细胞状态通过图 3.28 中的细胞状态向量 C_t 在时间步链条上传递，需要注意的是对于细胞状态向量 C_t 通常只进行线性操作。LSTM 通过 sigmoid 函数激活的遗忘门 f_t 实现细胞状态向量 C_t 中信息的遗忘；通过 sigmoid 函数激活的输入门 i_t 和 tanh 函数激活的状态候选更新向量 C'_t 的哈达玛积决定细胞状态向量 C_t 中信息的更新；通过 sigmoid 函数激活的输出门 o_t 与 tanh 函数激活的完成更新的细胞状态向量 C_t 的哈达玛积得到当前时间步的输出 H_t。而在 GRU 中，输入门、遗忘门和输出门被整合为重置门和更新门，同时细胞状态向量 C_t 和隐含层输出向量 H_t 进行了合并，只保留了隐含层输出向量 h_t。

　　在本书的应用场景下，输入数据是单传感源数据，仅需要对特定的三轴加速度传统时域特征间的关系进行提取，不存在明显的依赖、限制关系。因此，综合考量下，本书采用了一维 CNN 与 LSTM 的简化变体 GRU 融合的策略，从时空两个维度对传统特征矩阵进行特征再提取。在 GRU 的前向传播中，重置门的计算方法与 LSTM 中的遗忘门计算非常相似，其计算公式见式（3.58）。式（3.58）中，r_t 为当前时间步重置门的输出向量，W_{xr} 和 W_{hr} 是重置门权重矩阵，b_r 是重置门偏置，σ 是 sigmoid 激活函数，h_{t-1} 表示前一时间步单元的隐含层输出向量，x_t 表示当前时间步的输入向量。GRU 的更新门在前向传播中的计算公式见式（3.59），Z_t

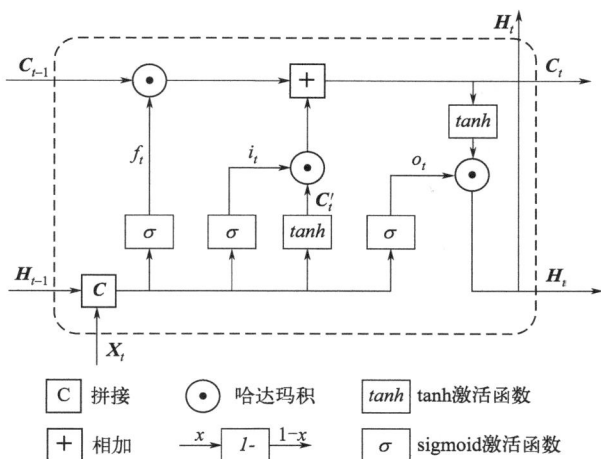

图 3.28　LSTM 结构示意图

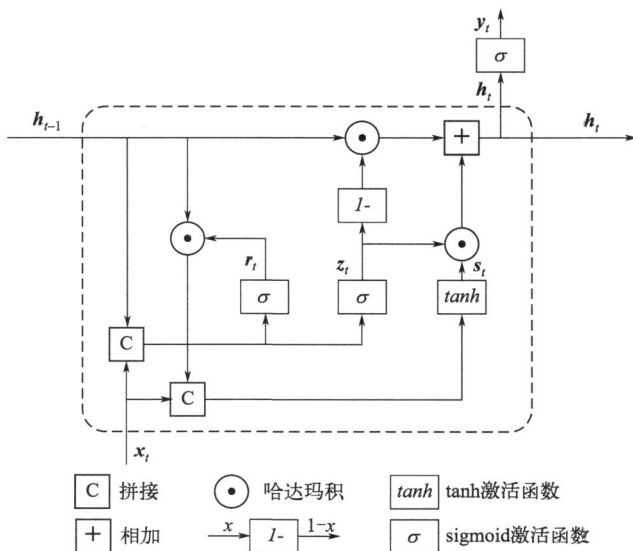

图 3.29　GRU 结构示意图

表示更新门输出，W_{xz} 和 W_{hz} 是更新门权重矩阵，b_z 是更新门偏置。GRU 在 t 时间步的输出向量 h_t 的计算公式见式 (3.60)，其中，s_t 表示当前时间步的候选隐含状态向量。s_t 的计算方法见式 (3.61)，其中 tanh 表示 tanh 激活函数，W_{xs} 和 W_{hs} 是权重矩阵，b_s 是偏置向量。式 (3.62) 为 t 时间步显式输出向量 y_t 的计算公式。式 (3.58)～式 (3.62) 五个公式是 GRU 网络前向传播的理论基础。在 GRU 的反向传播中，核心思想与传统 BP 网络类似，原理依旧是链式求导，只是链式结构上有所不同，其公式见式 (3.63)～式 (3.72)，在此不再赘述。通过上文所述的 GRU 的原理，可以看出 GRU 很好地提取了时间序列前序时间步对后续时间步影响的抽象关系，因此在对语音信号、语义文本、视频等时序数据进行处理时，GRU 表现出了强大的性能。

$$r_t = \sigma(\tilde{r}_t) = \sigma(W_{xr}x_t + W_{hr}h_{t-1} + b_r) \tag{3.58}$$

$$z_t = \sigma(\tilde{z}_t) = \sigma(W_{xz}x_t + W_{hz}h_{t-1} + b_z) \tag{3.59}$$

$$h_t = (1 - z_t) \odot h_{t-1} + z_t \odot s_t \tag{3.60}$$

$$s_t = \tanh(\tilde{s}_t) = \tanh[W_{xs}x_t + W_{hs}(h_{t-1} \odot r_t) + b_s] \tag{3.61}$$

$$y_t = W_{yh}h_t + b_y \tag{3.62}$$

$$\frac{\partial J(W,b)}{\partial h_t} = \frac{\partial J(W,b)}{\partial y_t}W_{yh}^{\mathrm{T}} + \frac{\partial J(W,b)}{\partial \tilde{r}_{t+1}}W_{hr}^{\mathrm{T}} + \frac{\partial J(W,b)}{\partial \tilde{z}_{t+1}}W_{hz}^{\mathrm{T}} + \frac{\partial J(W,b)}{\partial \tilde{s}_{t+1}}$$

$$W_{hs}^{\mathrm{T}} \odot r_{t+1} + \frac{\partial J(W,b)}{\partial \tilde{h}_{t+1}} \odot (1 - z_{t+1}) \tag{3.63}$$

$$\frac{\partial J(W,b)}{\partial s_t} = \frac{\partial J(W,b)}{\partial h_t} \odot z_t \tag{3.64}$$

$$\frac{\partial J(W,b)}{\partial z_t} = \frac{\partial J(W,b)}{\partial h_t} \odot s_t + \frac{\partial J(W,b)}{\partial h_t} \odot (-h_{t-1}) \tag{3.65}$$

$$\frac{\partial J(W,b)}{\partial r_t} = \frac{\partial J(W,b)}{\partial \tilde{s}_t} W_{hs}^{\mathrm{T}} \odot h_{t-1} \tag{3.66}$$

$$\frac{\partial J(W,b)}{\partial x_t} = \frac{\partial J(W,b)}{\partial \tilde{r}_t} W_{xr}^{\mathrm{T}} + \frac{\partial J(W,b)}{\partial \tilde{z}_t} W_{xz}^{\mathrm{T}} + \frac{\partial J(W,b)}{\partial \tilde{s}_t} W_{xs}^{\mathrm{T}} \tag{3.67}$$

$$\frac{\partial J(W,b)}{\partial x_t} = \frac{\partial J(W,b)}{\partial \tilde{r}_t} W_{xr}^{\mathrm{T}} + \frac{\partial J(W,b)}{\partial \tilde{z}_t} W_{xz}^{\mathrm{T}} + \frac{\partial J(W,b)}{\partial \tilde{s}_t} W_{xs}^{\mathrm{T}} \tag{3.68}$$

$$\frac{\partial J(W,b)}{\partial W_{hy}} = h_t^{\mathrm{T}} \frac{\partial J(W,b)}{\partial y_t} \tag{3.69}$$

$$\frac{\partial J(W,b)}{\partial W_{hs}} = (h_{t-1} \odot r_t)^{\mathrm{T}} \frac{\partial J(W,b)}{\partial \tilde{s}_t} \tag{3.70}$$

$$\frac{\partial J(W,b)}{\partial W_{hz}} = h_{t-1}^{\mathrm{T}} \frac{\partial J(W,b)}{\partial \tilde{z}_t} \tag{3.71}$$

$$\frac{\partial J(W,b)}{\partial W_{hr}} = h_{t-1}^{\mathrm{T}} \frac{\partial J(W,b)}{\partial \tilde{r}_t} \tag{3.72}$$

在 CNN 中，每个卷积核对前层输入进行滑动的卷积运算后将会得到一个输出特征图。那么，如果某卷积层使用了 n 个卷积核，则该卷积层将会输出 n 个特征图。输出的 n 个特征图对识别任务的贡献一般来说是不同的。然而传统的 CNN 将这些特征图的权重视作一致。因此，研究者们提出的卷积神经元网络的通道注意力机制就是从通道域出发，利用加权的思想让模型更关注对任务贡献大的通道而相对忽视对任务贡献小的通道。目前，最主流的通道注意力机制的实现手段是 SE-Net（squeeze-excitation net）。SE-Net 为 CNN 主干网络增加了一个分支。为便于表述，本书将该分支简称为 SE 通道注意力模块。SE 通道注意力模块的基本思路就是通过全局池化，将输入的若干特征通道压缩为维数与输入通道数相等的向量；然后通过两次全连接以及对应的激活操作（第一次为 ReLU 函数激活，第二次为 sigmoid 函数激活）得到通道权重向量；最后利用乘法实现对输入特征图各通道的赋权。SE 通道注意力模块的结构见图 3.30，其前向传播公式见式（3.73）～式（3.75）。其中，式（3.73）是 Squeeze 步骤，一般情况下利用 Global Average Pooling 实现 Squeeze，式中的 s_c 表示 Squeeze 向量中输入特征图第 c 通道对应的元素，$v_c(i, j)$ 表示输入特征图第 c 通道，第 i 行第 j 列元素，特征图的长宽分别为 h 和 w；式（3.74）是 Excitation 步骤，式中 e 为激活后的权重向量，σ 表示 sigmoid 激活函数，δ 表示 ReLU 激活函数，W_1 和 W_2 分别是第一次和第二次全连接的权重向量，s 表示 Squeeze 向量；式（3.75）是 Channel Attention 实现的最终步骤，其本质是加权，即将输入特征图第 c 通道的特征图矩阵 M_c 乘以其对应的权重向量的第 c 元素得到加权后的新特征图矩阵 $\dot{M}_c$。SE-Net 的提出，实现了 CNN 在图像识别等任务中对特征图组内各通道之间抽象关系的挖掘，提升了模型的识别性能。一些研究者在医学图像识别、遥感图像识别等领域

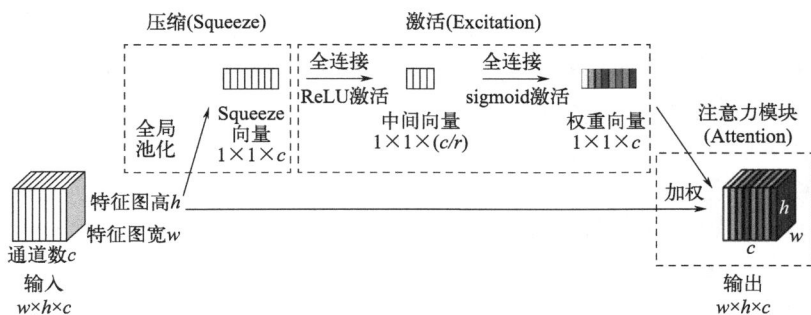

图3.30 SE通道注意力模块结构示意图

对 SE-Net 进行了改进和推广，取得了不错的效果。SE 通道注意力模块可以很容易地嵌入其他 CNN 主干网络中。其反向传播的参数学习也遵循链式求导规则，在 Squeeze 和 Attention 步骤中与 CNN 类似，在 Excitation 步骤与全连接网络一致。

$$s_c = \frac{1}{h \times w} \sum_{i=1}^{h} \sum_{j=1}^{w} v_c(i, j) \tag{3.73}$$

$$e = \sigma(W_2 \delta(W_1 s)) \tag{3.74}$$

$$\dot{M}_c = e_c \cdot M_c \tag{3.75}$$

在本书的研究过程中，整个识别模型的输入为形如 3 轴 ×50 时间窗 ×7 种特征的规范化的三维传统特征矩阵。对三轴加速度数据加窗提取 7 种不同的时域特征，7 种不同特征对应 7 个通道。显然，不同特征在识别预测任务中的贡献是不同的，因此理论上，对输入执行通道注意力加权可以提升识别正确率。实际上，经过实验测试也发现通道注意力机制对识别模型提升识别效果确实有积极影响。然而，与 SE-Net 最初提出时针对的图像识别场景不同的是，对于图像的色彩通道或者叫特征图通道，其二维矩阵每个元素对应的是平面中的像素点，采用 Global Average Pooling 是一个简单而有效的 Squeeze 策略；而在本书的实际场景中，作为输入的规范化的三维传统特征矩阵，其单时间窗对应的子矩阵的通道内的三个元素对应加速度正交的三个轴的某种传统时域特征，有其明确的物理意义，此时，使用 Global Average Pooling 进行 Squeeze 相当于将正交的三个轴对应的加速度的时域特征等同看待，这对于本书应用场景是不合理的。为了解决这个问题，研究中基于 SE 通道注意力模块提出了一种改进的通道注意力模块，其一般形式的结构见图 3.31，该通道注意力模块可以划分为 4 个主要步骤：

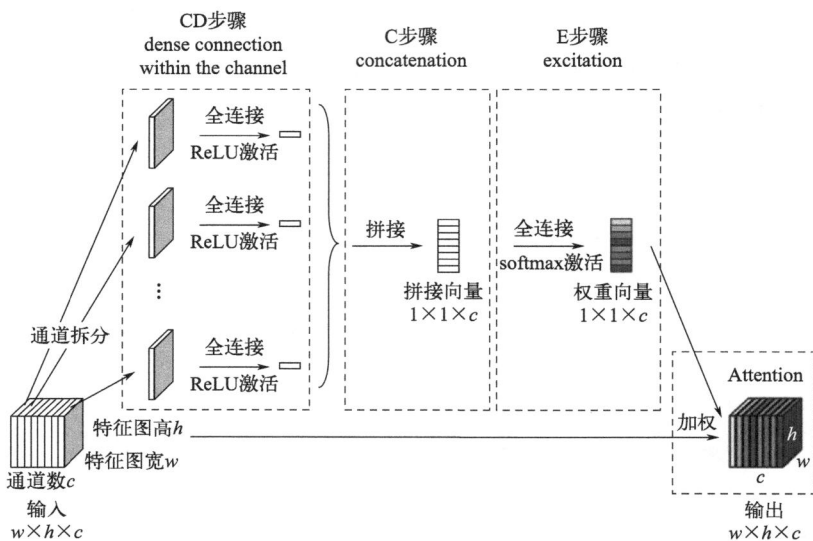

图3.31　CDCE通道注意力模块结构示意图

第一步：将输入尺寸为 $w \times h \times c$ 的矩阵按通道维度拆分为 c 个尺寸为 $w \times h$ 的单通道矩阵，每个通道的 $w \times h$ 矩阵的所有元素全连接到一个与该通道对应的神经元上，并使用 ReLU 函数对神经元激活。那么对于尺寸为 $w \times h \times c$ 的输入矩阵，将会得到 c 个标量，每个标量对应一个通道。这一步简称为通道密集（channel dense）。

第二步：将第一步得到的 c 个标量按照通道顺序排列，连接成一个包含 c 个元素的 Concatenation 向量。这一步简称为拼接（concatenation）。

第三步：将第二步得到的 Concatenation 向量进行全连接并使用 softmax 函数激活得到一个包含 c 个元素的权重向量。这一步简称为激活（excitation）。

第四步：权重向量每个元素相当于尺寸为 $w \times h \times c$ 的矩阵 c

个通道中与之对应的通道的权重，那么按照式（3.75）进行乘法运算完成加权就实现了最终的通道注意力加权。

如上述步骤的描述，本书基于 SE 通道注意力模块设计的改进通道注意力模块包括通道密集（channel dense）—拼接（concatenation）—激活（excitation）三个关键步骤，从而实现最终的通道注意力加权。因此，该通道注意力模块可以简称为 CDCE 模块。

CDCE 模块与 SE 模块的关键区别在于使用一组平行的通道内全连接操作替代了全局池化操作。通道内全连接操作同样可以实现 SE 模块中 Squeeze 步骤的目标，将输入矩阵按通道压缩为 c 个元素的向量，不同的是 SE 模块中 Squeeze 步骤常使用的 Global Average Pooling 是简单的全局平均池化，而 CDCE 模块中的 CD 步骤通过通道内全连接实现了更精细的参数学习，更符合本书研究中数据的特点。置于本书讨论的场景下，通道内全连接通过基于数据驱动的训练习得不同时间窗、不同传统特征通道内三轴之间的权重关系，从而实现加权压缩。对于本书针对快递暴力分拣行为检测识别问题提出的带有通道注意力模块的 CNN-GRU 融合识别模型，其局部放大的 CDCE 模块结构见图 3.32。需要说明的

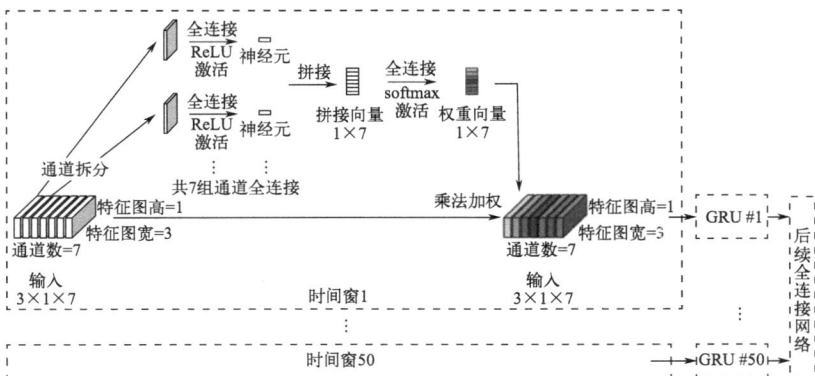

图3.32 快递暴力分拣行为识别模型中的CDCE通道注意力模块

是，由于 CDCE 模块使用了通道内全连接替代了 SE 模块中的全局池化，因此后续网络结构也进行了相应的调整，直接将 CD 步骤得到的神经元按通道顺序拼接，执行一次 softmax 函数激活的全连接操作，最终得到权重向量。此处，CDCE 模块的激活步骤借鉴了语义识别领域 LSTM 模型注意力机制中常用的 softmax 函数作为激活函数，这样可以确保各通道权重之和为 1，更符合实际意义。实际上沿用 SE 模块中激活步骤第二次全连接所使用的 sigmoid 函数作为激活函数也可行，但是测试发现 softmax 函数的效果稍好，其原因可能是 sigmoid 函数作为激活函数固有的梯度消失或梯度爆炸问题引起的学习困难。

对于快递暴力分拣行为识别模型的各个时间窗对应的 CNN 子网络，如果引入 SE 模块实现通道注意力加权，则在前向传播中浮点运算的增加包括 Squeeze 操作中 Global Average Pooling 带来的浮点加法和乘法运算；Excitation 操作中两次全连接带来的浮点乘法和加法运算及激活函数运算；以及最终实现通道注意力加权的浮点乘法运算。具体地，Global Average Pooling 需要执行 2×7 次浮点加法运算和 1×7 次浮点乘法运算；在压缩比 r 设置为 1 时，Excitation 操作中的两次全连接需要执行 $7 \times 7 \times 2$ 次浮点乘法运算，如果全连接有偏执项，则还需执行 7×2 次浮点加法运算，此外还需执行 7 次 ReLU 函数运算和 7 次 sigmoid 函数运算；在实现注意力加权时执行 $3 \times 1 \times 7$ 次浮点乘法运算。因此，引入 SE 模块造成的计算复杂度增加实际上相对整个识别模型来说很小。如果引入 CDCE 模块实现通道注意力加权，则在前向传播中浮点运算的增加包括 Channel Dense 操作中的浮点乘法运算、浮点加法运算和 ReLU 激活函数运算；Excitation 操作中的全连接增加的浮点乘法运算、浮点加法运算和 softmax 激活函数运算；以及实现注意力加权时的浮点乘法运算。具体地，Channel Dense 操作需要执行 $3 \times 1 \times 7$ 次浮点乘法运算和 7 次 ReLU 激活函数运算，如果网络连接有偏执项，则还需执行 7 次浮点加法运算；Concatenation 操作为向量拼接不需要执行浮点运算；Excitation 操作需要执行 7×7 次浮点乘法运算和 7 次 softmax 激活函数运算，如果网络连接有偏执项，还需要执行 7 次浮点加法运算；在实现注意力加权时需要执行 3×1×7 次浮点乘法运算。表 3.5 对本书模型中每个 CNN 子网络内两种通道注意力模块前向传播时带来的浮点运算次数增加情况进行了汇总。从表 3.5 中不难看出，CDCE 模块与 SE 模块前向传播增加的浮点运算数量非常接近。实验测试中，在同样的计算环境下，为模型结构和参数完全相同的主干 CNN 网络框架分别添加两种通道注意力模块，并使用同样的快递包裹物流操作下加速度状态数据集预处理得到的规范化的传统特征矩阵作为模型输入，发现添加两种通道注意力模块的 CNN 模型在训练和预测任务中的耗时没有显著差别。

表 3.5　本书模型中 SE 模块与 CDCE 模块前向计算的复杂度对比表

通道注意力模块名称	浮点乘除法	浮点加减法	激活函数
SE	126	28	7 次 ReLU 函数运算 7 次 sigmoid 函数运算
CDCE	91	14	7 次 ReLU 函数运算 7 次 softmax 函数运算

进一步讨论 CDCE 模块在其他应用场景下推广使用的复杂度情况，经过分析发现随着输入矩阵每个通道内数据量的增加，CDCE 模块的计算复杂度提升较 SE 模块更显著，这是因为此时 CDCE 模块中的通道内全连接操作对比 SE 模块的全局池化操作带来的浮点运算次数增加更明显。以图像识别的开源数据集 CIFAR 为例，其图像为 32×32×3 的 RGB 三通道图像。假设前序网络不包含池化层且卷积层执行 zero-padding，卷积核滑动步长为 1 时，某卷积层输出 32×32×30 的特征图组，对该输出特征图组进行通道注意力加权时，SE 模块的前向传播计算

复杂度为执行浮点乘法运算 30+30×30×2+32×32×30=32550次，执行浮点加法运算（32×32-1）×30+30+30=30750次，而 CDCE 模块的前向传播计算复杂度为执行浮点乘法运算 32×32×1×30+30×30+32×32×30=62340 次，执行浮点加法运算 30+30=60 次。浮点加法运算忽略不计仅比较浮点乘法运算可以看出 CDCE 模块的浮点乘法运算次数较 SE 模块多出约 91.52%。在不考虑浮点加法运算和激活函数情况下，利用 CDCE 模块浮点乘法运算次数估算其前向传播计算复杂度时，可使用式（3.76）近似评价。式（3.76）中 w、h、c 分别为 CDCE 模块输入特征图组的宽、高和通道数。作为对比基准，如果对该 32×32×30 的特征图组执行 zero-padding，卷积核滑动步长为 1，卷积核尺寸为 1×1 的卷积操作时，一个卷积核所执行的浮点乘法运算为 32×32×30×1×1×1=30720 次。也就是说 CDCE 模块的计算复杂度近似于 2 个 1×1 的卷积核。而其他条件不变，将卷积核尺寸变为 3×3 时，一个卷积核所执行的浮点乘法运算为 32×32×30×3×3×1=276480 次。由此可见，虽然 CDCE 模块带来的计算复杂度提升较 SE 模块显著，但是与卷积层相比，其复杂度增加的程度依旧是可接受的。至于在实际应用中，选择 SE 模块还是 CDCE 模块作为 CNN 通道注意力加权的实现手段，应从数据的特点出发，首先考虑通道内的数据在现实意义上讲是否可以认为权重相等（此处需要说明的是图像识别实际上有空间域的注意力机制的概念，也就是说同一通道内不同位置的像素可能具有不同权重，但是单纯从物理意义看待这个问题，同一通道内不同位置的元素都表示像素亮度，因此在某些场景下认为通道内各像素的权重相等也具有一定合理性，这也是在没有提出空间域注意力机制前，CNN 在一些任务中依然具有卓越性能的原因），如果可以则显然利用 SE 模块的 Global Average Pooling 策略实现压缩更简单，而对于一些情况，比如通道内数据对应不同传感数据源时，应考虑使用 CDCE 模块；此外，还应该根据实际应用场景的数据特点，综合评估 CDCE 模块和 SE 模块各自带来的计算复杂度增加和对模型完成任务能力的提升情况，从而决定是否有必要引入通道注意力模块以及选择哪种通道注意力模块。

$$O(2whc + c^2) \tag{3.76}$$

在本书的研究中，带有 CDCE 模块的 CNN-GRU 融合识别模型的实现基于 Keras（一个用 Python 编写的高级神经元网络应用程序接口，可以使用 TensorFlow 或者 Theano 等作为后端运行）。然后，综合实际应用场景下的数据特点和模型识别效果、收敛速度等因素进行了微调。最终确定的一组较好的模型参数如下：

CNN 子网络：每个 CNN 子网络中，CDCE 模块的参数由输入数据决定，即 Channel Dense 步骤有 7 个全连接层，参数可共享以提升模型训练效率，每个全连接层的输出为 1 个神经元，使用 ReLU 函数激活；Concatenation 步骤对 7 个神经元进行拼接，不需要设定任何参数；Excitation 步骤全连接层包含 7 个神经元，由 softmax 函数激活；最终权重向量与输入矩阵相乘完成加权。子网络的一维卷积层包含 16 个卷积核，卷积核尺寸为 3，padding 模式选择为 valid，激活函数为 ReLU 函数；子网络中的全连接层包含 24 个神经元，激活函数为 tanh，然后子网络接入 GRU，即 GRU 每个单元输入为 24 元素的向量，各子网络的学习参数亦可共享。

GRU 主链网络：每个 GRU 单元的输出为 4 元素的向量，然后将 50 个时间窗对应的 GRU 单元的输出按照时序拼接为一个 200 元素的向量。

全连接分类网络：全连接分类网络中，第一个全连接层包含 64 个神经元，激活函数为 tanh；Dropout 层丢弃概率设置为 0.5（仅在训练中有效）；第二个全连接层包含 4 个神经元，激活函数为 softmax，输出即为预测向量 *Pr*。

模型训练过程，采用自适应学习率，初始设定为 0.001，当验证集损失连续 5 个 epoch 不下降时，则学习率乘以 0.5，最小学习率设定为 0.0001；训练中的 batch size 设置为 16；最大训练 epochs 数设置为 50，损失函数选择了多分类交叉熵，优化器选择了 Adam，训练过程中保留验证及损失最小的模型作为最终训练完成的模型予以保存并进行相应测试。

在 CNN-GRU 融合模型引入 CDCE 模块后，对 CDCE-CNN-GRU 进行性能测试。图 3.33 是 CDCE-CNN-GRU 模型在 18 次训练和测试中测试集的全部预测结果对照测试集正确标签统计得到的混淆矩阵。在混淆矩阵中，可以看出 CDCE-CNN-GRU 模型对于正常、跌落、抛扔和足踢四类样本进行识别预测的正确率（Precision）分别为 0.972，0.966，0.951 和 0.951；对于四类样本进行识别预测的召回率（Recall）分别为 0.960，0.976，0.945 和 0.956。进一步，可以计算出 CDCE-CNN-GRU 模型对于四类样本的 F1-Score 分别为 0.966，0.971，0.948，0.954。关于正确率、召回率和 F1-Score 的计算方法见式（3.77）～式（3.79）。其中 Precision 表示正确率，Recall 表示召回率，F1 表示 F1-Score，TP 表示真阳性样本个数，FP 表示假阳性样本个数，FN 表示假阴性样本个数。鉴于四个类别样本的正确率、召回率和 F1-Score 的计算结果可以认为 CDCE-CNN-GRU 模型对四种典型类别的快递员操作样本都具有较强的识别能力。而正常和跌落样本、抛扔和足踢样本分别是两组易混淆的类别。图 3.34 是 CDCE-CNN-GRU 模型在 18 次训练和测试中测试集的全部预测结果对照测试集正确标签绘制的受试者工作特性曲线图（ROC），图中的某类样本对应的曲线的下方面积（AUC）越接近 1 说明识别模型对该类样本的识别效果越好。该图更直观地展示了 CDCE-CNN-GRU 模型对各类样本的识别性能。其中，正常、跌落、抛扔和足踢四条曲线的 AUC 数值分别为 0.9980、0.9980、0.9948 和 0.9957。

混淆矩阵

	正常	跌落	抛扔	足踢	
正常	3249 21.4%	93 0.6%	0 0.0%	0 0.0%	97.2% 2.8%
跌落	135 0.9%	3843 25.3%	0 0.0%	0 0.0%	96.6% 3.4%
抛扔	0 0.0%	0 0.0%	3520 23.1%	182 1.2%	95.1% 4.9%
足踢	0 0.0%	0 0.0%	205 1.3%	3983 26.2%	95.1% 4.9%
	96.0% 4.0%	97.6% 2.4%	94.5% 5.5%	95.6% 4.4%	96.0% 4.0%

模型输出

正常　　　跌落　　　抛扔　　　足踢

目标标签

图3.33　CDCE–CNN–GRU模型的混淆矩阵

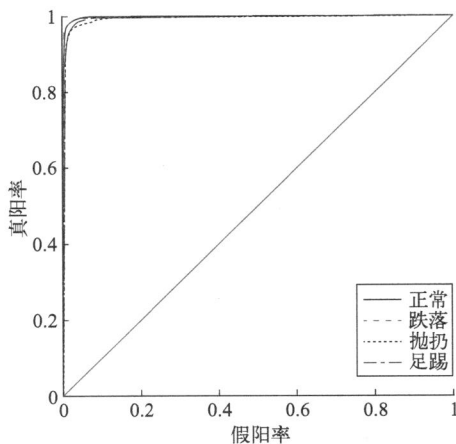

图3.34　CDCE–CNN–GRU模型受试者工作特性曲线

图 3.35 是从 CDCE-CNN-GRU 模型 18 次训练中随机抽取的 1 次训练的验证集损失函数值随训练代数变化的曲线图，从该图中可以看出模型在训练过程中，验证集损失函数值迅速收敛，大约在第 40 代趋于平稳。这意味着 CDCE-CNN-GRU 模型在实际工程应用中随着训练集的动态扩充可以快速完成模型更新，对于此类数据驱动的模型具有较高的实用价值。

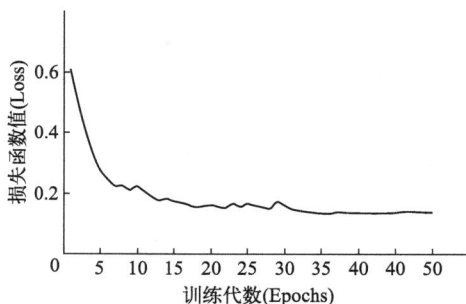

图3.35　CDCE-CNN-GRU模型训练过程中
验证集损失函数随训练代数变化曲线

$$Precision = \frac{TP}{TP + FP} \tag{3.77}$$

$$Recall = \frac{TP}{TP + FN} \tag{3.78}$$

$$F1 = \frac{2 \times precision \times recall}{precision + recall} \tag{3.79}$$

将 CNN 模型、CDCE-CNN-GRU 模型、CDCE-CNN［share］模型和 CNN-GRU 模型进行对比实验，实验结果汇总于表 3.6。在引入 CNN-GRU 模型之后，将输入的形如 3 轴 ×50 时间窗 ×7 种

特征的三维传统特征矩阵按时间窗拆分为 50 个时间步的 3 轴 ×1
时间窗 ×7 种特征的子输入矩阵，然后对每个时间窗先执行一维
的卷积操作提取三轴关系的抽象特征再通过 GRU 将各时间窗串
联并提取时间窗之间关系的抽象特征，最终进行类别识别。CNN-
GRU 模型较直接使用二维卷积核同时提取三轴关系的抽象特征和
相邻时间窗间关系的抽象特征的 CNN 模型有更好的总体平均识别
正确率表现。具体地，CNN-GRU 模型在交叉验证中测试集的总
体平均识别正确率比 CNN 模型高约 0.82%。进一步对 CNN-GRU
模型识别正确率提升的原因进行分析，可以发现 CNN 模型的可
训练参数约为 300000 个，而 CNN-GRU 模型的可训练参数约为
14000 个。这说明实际上 CNN-GRU 模型的可训练参数更少。因
此 CNN-GRU 模型识别正确率的提升并不是因为可训练参数的增
加带来的模型表达能力的提升。更合理的解释是 CNN 模型直接使
用 3×3 或者更大尺寸的二维卷积核也只能提取相邻时间窗之间的
抽象关系特征，而 CNN-GRU 模型通过引入 GRU 结构实现了将对
识别任务有价值的前序时间窗对后继时间窗的影响在时间轴上进
行了记忆和传递。同时，CNN-GRU 模型在训练和预测时长上也
显著小于 CNN 模型。在 CDCE-CNN-GRU 模型中，CDCE 模块内
各通道全连接层参数共享。实验结果显示，CDCE-CNN-GRU 模
型在交叉验证中对测试集的总体平均识别正确率最高。对比其他
模型，CDCE-CNN-GRU 模型的总体平均识别正确率高于 CDCE-
CNN［share］模型约 0.07%，高于 CNN-GRU 模型约 0.47%。需要
指出的是，从实验结果来看 CDCE-CNN-GRU 模型和 CDCE-CNN
［share］模型的总体平均识别正确率接近。但是正如上节讨论的
CNN-GRU 模型一样，CDCE-CNN-GRU 模型保持了 CNN-GRU 模
型精巧的优点，其模型大小和计算复杂度都较 CDCE-CNN［share］
模型更低。

表3.6 CNN、CDCE–CNN［share］、CNN–GRU 与 CDCE–CNN–GRU
模型的对比实验结果汇总表

模型		$\Phi_{1\text{-}2\text{-}3}$	$\Phi_{1\text{-}3\text{-}2}$	$\Phi_{2\text{-}1\text{-}3}$	$\Phi_{2\text{-}3\text{-}1}$	$\Phi_{3\text{-}1\text{-}2}$	$\Phi_{3\text{-}2\text{-}1}$	平均值
CNN	测试1	95.38%	95.15%	94.56%	94.56%	95.27%	94.79%	94.67%
	测试2	93.37%	94.01%	94.32%	94.91%	95.50%	95.38%	
	测试3	93.25%	94.44%	93.85%	94.20%	95.27%	95.86%	
	平均值	94.00%	94.53%	**94.24%**	94.56%	95.35%	95.34%	
CDCE CNN［share］	测试1	94.91%	97.16%	95.50%	95.74%	96.33%	97.04%	95.89%
	测试2	95.50%	95.98%	94.44%	96.45%	95.86%	95.86%	
	测试3	94.20%	95.86%	94.91%	96.69%	96.33%	97.16%	
	平均值	94.87%	**96.33%**	94.95%	96.29%	96.17%	96.69%	
CNN GRU	测试1	94.56%	95.03%	94.44%	95.62%	95.98%	96.92%	95.49%
	测试2	95.15%	95.62%	94.08%	96.57%	96.45%	96.57%	
	测试3	94.32%	94.79%	94.20%	96.80%	95.38%	96.33%	
	平均值	94.68%	95.15%	94.24%	**96.33%**	95.94%	96.61%	
CDCE CNN GRU	测试1	95.27%	96.10%	94.91%	96.57%	96.57%	96.80%	**95.96%**
	测试2	94.67%	96.33%	95.10%	96.33%	96.21%	96.57%	
	测试3	94.91%	96.21%	95.15%	96.10%	96.10%	97.40%	
	平均值	**94.95%**	96.21%	**95.05%**	**96.33%**	**96.29%**	**96.92%**	

在本节中，首先介绍并对比了本书提出的三种在数据采集终端上执行的潜在异常数据截取策略（起始端阈值判别截取等长数据段、双向阈值判别截取不等长数据段、基于双门限法的改进方法截取不等长数据段）。接下来介绍了基于深度学习的异常物流操作行为的识别算法：以 CNN 为基础，利用 LSTM 模型对卷积神经网络进行优化，在传统的 SE（squeeze-excitation）通道注意力模块基础上，结合本项目组应用背景下深度学习模型输入数据的特点，设计了一种改进的通道注意力模块（CDCE），用分通道的全连接操作替代 SE 通道注意力模块中的全局池化操作并对后续层进行了相应调整，最终提出了一种带有 CDCE（channel dense-

concatenation-excitation）通道注意力模块的 CNN-GRU（卷积神经
元 - 门限循环单元网络）融合模型，在不显著增加复杂度的情况下
实现了更精细的通道权重计算。

3.4
基于惯性传感的物流安全检测云平台

在本章 3.1 节中提到，智能惯性传感终端在实时采集得到快递
包裹的三轴加速度数据后，对潜在异常的加速度数据段进行截取、
记录，并将其上传至云服务器。本节中将对基于惯性传感的物流
安全检测云平台的设计和使用进行简要的介绍。

云平台具备虚拟化、高可靠性、通用性强、部署灵活、计算
能力强大、价格低廉等优点。云平台集成的数据库技术能比传统
的技术手段更快速、更准确地为数据添加时间戳、地点戳以及数
据所属检测器型号、信息等属性。除此之外，云平台先天具有高
度可协作性，在数据共享方面具有极大优势，能实现不同地点、
不同人群、不同目的下，对云平台数据的访问。该云平台既作为
用户查询物流运输数据信息的访问界面，也作为管理者通过 Web
网页登录管理系统的可视化管理后台，通过设置分级权限机制，
实现不同用户对云平台的使用与管理。

3.4.1　功能需求分析

基于惯性传感的物流安全检测技术的应用系统以计算机为

核心，以惯性传感和识别算法为基础，建立了一整套软硬件相结合的完整的监测体系，实现对货物的全程实时跟踪和智能化管理。其主要功能是对物流安全监测数据的可视化读取与管理，同时实现运输信息的整合。该系统的组织结构如图3.36所示。

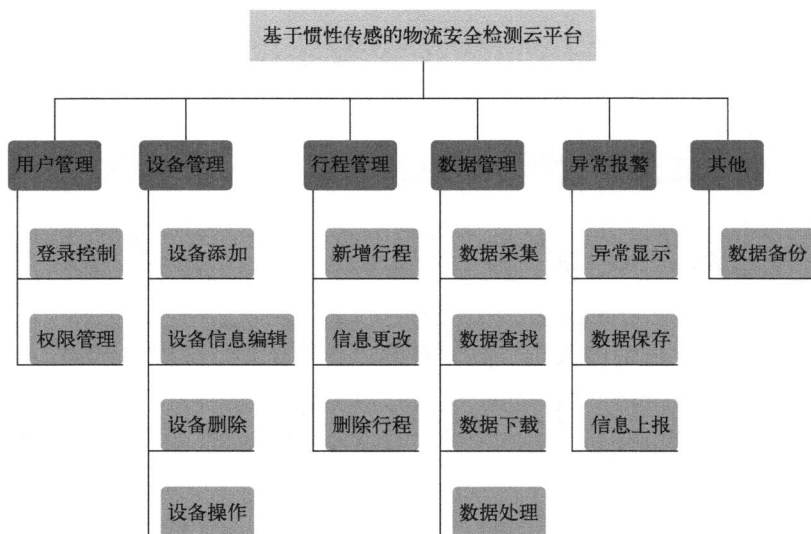

图3.36 基于惯性传感的物流安全监测云平台系统组织结构

• 用户管理：包含登录控制（用户注册、删除，密码修改等）及权限管理。

• 设备管理：实现对物流安全监测设备的添加、信息编辑、删除和设备（运行、传感器开启及模式切换等）操作。

• 行程管理：用于对与物流安全监测设备绑定的行程信息的管理，包含新增行程、信息更改（信息录入、参数和模块选择）、删除行程等。

•数据管理：数据管理模块是基于惯性传感的物流安全监测平台的核心模块，实现对物流安全监测终端数据的数据采集、数据查找、数据下载及数据处理。

•异常报警：对可能存在异常状态的运输订单做出提醒，包含异常显示、数据保存及信息上报三部分。

3.4.2　云平台界面

基于惯性传感的物流安全检测云平台在接收到采集上传的数据后，将包括硬件设备信息、运单号、内容物、寄出时间地点、收件地点、承运企业及采集数据等属性在内的包裹信息进行呈现，以供管理者与客户进行查询，用户界面见图 3.37。用户通过云平台搜索运单号以查询物流包裹的实时状态，查询界面见图 3.38。状态监测结果显示界面见图 3.39。

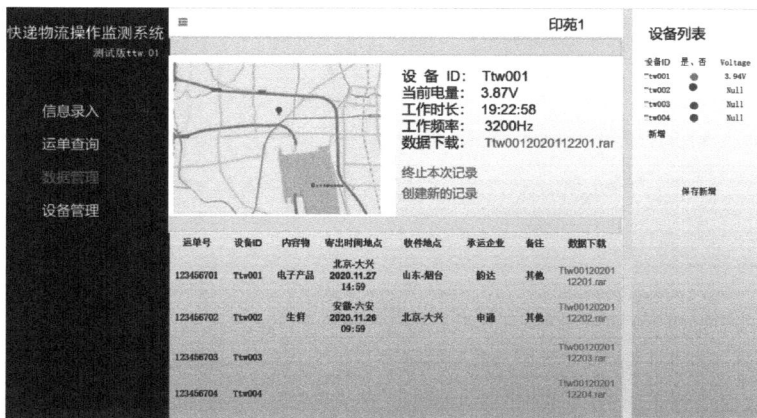

图 3.37　基于惯性传感的物流安全检测云平台用户界面

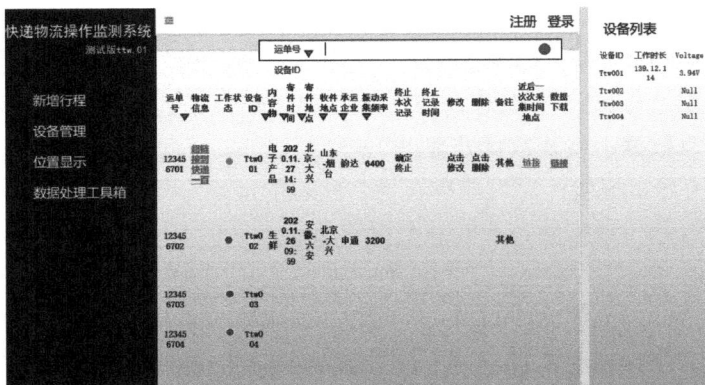

图3.38 基于惯性传感的物流安全检测云平台查询

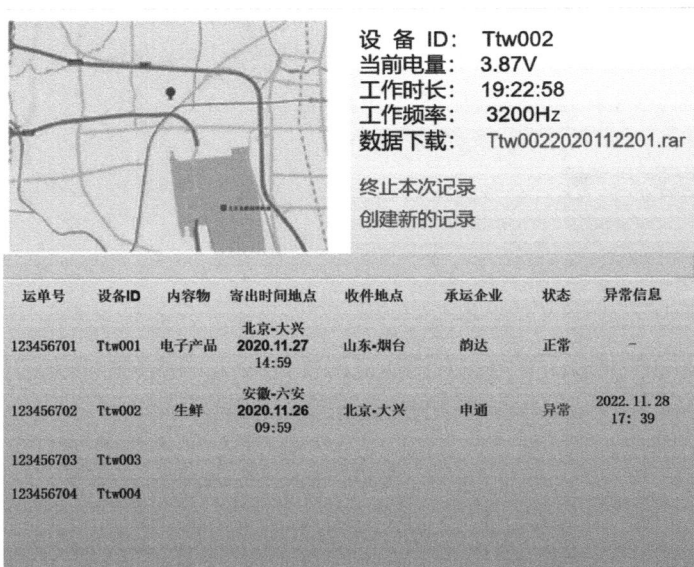

设备ID: Ttw002
当前电量: 3.87V
工作时长: 19:22:58
工作频率: 3200Hz
数据下载: Ttw0022020112201.rar

终止本次记录
创建新的记录

运单号	设备ID	内容物	寄出时间地点	收件地点	承运企业	状态	异常信息
123456701	Ttw001	电子产品	北京•大兴 2020.11.27 14:59	山东•烟台	韵达	正常	—
123456702	Ttw002	生鲜	安徽•六安 2020.11.26 09:59	北京•大兴	申通	异常	2022.11.28 17: 39
123456703	Ttw003						
123456704	Ttw004						

图3.39 基于惯性传感的物流安全检测云平台异常显示

3.4.3　云平台功能

（1）设备管理

在实际的物流环境中，物流安全检测终端设备作为一种损耗型设备，有增加、减少以及不定期更换的需求，针对检测终端的设备管理服务就尤为重要。云计算模式的业务平台利用经过分析处理的感知数据，通过 Web 浏览器为用户提供丰富的定制化服务，包括监控型服务、查询型服务等。数据库中创建有物流安全检测设备总表，通过管理界面可以对设备状态进行可视化管理，包含设备添加、编辑设备标识、设备删除等操作，如图 3.40 所示。

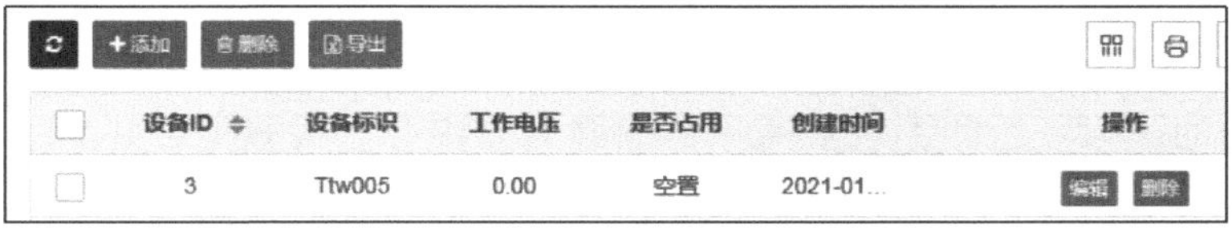

图3.40　基于惯性传感的物流安全检测云平台设备管理示意图

（2）行程管理

在实际物流过程中，物流包裹与安全检测终端采用一对一的检测方式，因此，这二者之间的匹配就是一项关键问题。行程管理模块主要的功能需求为增加行程和删除行程。其中，增加行程需要执行的操作有：输入行程信息（包含设备 ID、运单号、收寄件时间地点、内容物品、物品尺寸等。）、参数模块选择（包含采样频率以及加速度传感器、陀螺仪、温湿度传感器、磁力传感器、GPS 等功能模块的选用），如图 3.41 所示。

（3）数据管理

基于云计算模式的数据存储中心，云平台可以为用户提供传感网数据的海量存储、查询、分析、挖掘、理解以及基于感知数

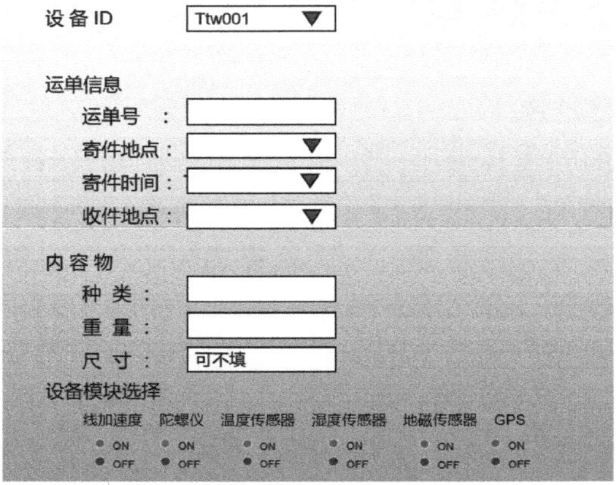

图3.41 基于惯性传感的物流安全检测云平台行程管理示意图

据的决策和行为，以业务平台的服务为中心，资源完全共享，资源自动部署、分配和动态调整。基于云平台的数据管理模式可以实现数据存储、数据查找、数据下载、数据处理（包含数据转换、数据预处理、数据截取以及特征提取等）。

参考文献

[1] 丁奥. 基于深度学习的快递暴力分拣行为检测识别方法研究[D]. 北京：北京印刷学院，2021.

[2] Huang L, Zhang Y, Zhu L, et al. An Express Transportation Monitoring System Based on S-CNN. Interdisciplinary Research for Printing and Packaging. Lecture Notes in Electrical Engineering, 2022, 896. Springer, Singapore. https: //doi.org/10.1007/978-981-19-1673-1_53.

[3] Singh S P, Singh J, Saha K. Measurement and analysis of physical and climatic distribution environment for air package shipment[J]. Packaging Technology and Science, 2015, 28(8): 719-731.

[4] Zhou H, Wang Z. Measurement and analysis of vibration levels for express

logistics transportation in South China[J]. Packaging Technology and Science, 2018, 31(10): 665-678.

[5] Zhong C, Li J, Kawaguchi K, et al. Measurement and analysis of shocks on small packages in the express shipping environment of China[J]. Packaging Technology and Science, 2016, 29(8-9): 437-449.

[6] Yu, W, Ye, et al. Real time logistics monitoring system of packages during transportation using decision tree combined with clustering method[J]. CACS INT AUTOMAT CON, 2017.

[7] 毛弋.基于无线网络和ARM的舰船远程监控系统开发[J].舰船科学技术, 2020, 42(20): 154-156.

[8] 刘佳. 基于MQTT协议的城市水务物联网监控系统设计[J]. 物联网技术, 2019, 9(06): 14-16.

[9] 耿锡涛. 基于MQTT协议的电力设备温度在线监测系统应用研究[J]. 工业控制计算机, 2019, 32(10): 73-74.

[10] 姚丽丽. 基于MQTT协议的数据断点续传方案研究[J]. 物联网技术, 2020, 10(10): 30-32.

[11] 刘复源. 基于MQTT协议的消息推送平台的设计与实现[D]. 广州：暨南大学, 2015.

[12] 屠迪龙, 张媛, 朱磊, 等.面向快递包裹运输的自供电环境监测系统设计和仿真[J].包装工程, 2022, 43(11): 189-197.DOI: 10.19554/j.cnki.1001-3563.2022.11.025.

[13] Amirtharajah R, Chandrakasan A P. A micropower programmable DSP using approximate signal processing based on distributed arithmetic [J]. IEEE Journal of Solid-State Circuit, 2004, 39(2): 337-347.

[14] 王满州. 电磁式振动能量收集装置研究[D].杭州：浙江工业大学, 2017.

[15] 孔令强, 袁天辰, 杨俭, 等. 双自由度磁悬浮式轨道车辆振动俘能器的研究[J]. 振动与冲击, 2020. 39(21): 156-162.

[16] TANG L, YANG Y. A nonlinear piezoelectric energy harvester with magnetic oscillator [J]. Applied Physics Letters, 2012, 101(9): 094102.

[17] CHEN L Q, JIANG W A.Internal resonance energy harvesting [J]. Journal

of Applied Mechanics, 2015, 82(3): 031004.

[18] 柳纪虎, 刘昶丁, 刘永生.多级倍压整流电路的设计原理及其有关参数的计算方法[J]. 半导体技术, 1992(4): 46-48.

[19] FUKUSHIMA K. Neocognitron: a self-organizing neural network model for a mechanism of pattern recognition unaffected by shift in position [J]. Biological Cybernetics, 1980, 36(4): 193-202.

[20] HUBEL D H, WIESEL T N. R eceptive fields, binocular interac-tion, and functional architecture in the cat's visual cortex[J]. Journal of Physiology, 1962, 160(1): 106-154.

[21] Lecun Y. Generalization and Network Design Strategies[C]// Connectionism in Perspective. Elsevier, 1989.

[22] Lecun Y, Boser B, Denker J, et al. Backpropagation Applied to Handwritten Zip Code Recognition[J]. Neural Computation, 1989, 1(4): 541-551.

[23] LECUN Y, BOTTOU L, BENGIO Y, et al.Gradient-based learning applied to document recognition [J]. Proceedings of the IEEE, 1998, 86(11): 2278-2324.

[24] Ding A, Zhang Y, Zhu L, et al. Recognition method research on rough handling of express parcels based on acceleration features and CNN[J]. Measurement: Journal of the International Measurement Confederation, 2020, 163.

[25] 孙战先, 储飞黄, 王江. 一种自适应语音端点检测算法[J]. 计算机工程与应用, 2014, 50(01): 206-210.

[26] 郑丹丹, 秦会斌. 复杂环境中多音节语音自适应端点检测的实现[J]. 计算机仿真, 2018, 35(07): 154-157.

[27] 丁奥, 张媛, 朱磊, 等.基于加速度分布特征的快递暴力分拣识别方法[J].包装工程, 2020, 41(23): 162-171.

[28] Tabik S, Peralta D, Herrera-Poyatos A, et al. A snapshot of image pre-processing for convolutional neural networks: Case study of MNIST[J]. International Journal of Computational Intelligence Systems, 2017, 10(1):

555-568.

[29] Zhang K, Guo Y, Wang X, et al. Multiple feature reweight DenseNet for image classification[J]. IEEE Access, 2019, 7: 9872-9880.

[30] Albelwi S, Mahmood A. A framework for designing the architectures of deep convolutional neural networks[J]. Entropy, 2017, 19.

[31] 陈意, 杨平, 陈旭光. 一种基于加速度特征提取的手势识别方法[J]. 传感技术学报, 2012, 25(08): 1073-1078.

[32] 张朝林, 范玉刚. CEEMD与卷积神经网络特征提取的故障诊断方法研究[J]. 机械科学与技术, 2019, 38(02): 178-183.

[33] 张朝晖, 黄惟一. 振动波形的分形判别及特征提取[J]. 东南大学学报, 1999(04): 3-5.

[34] Zhang G, Tang L, Zhou L, et al. Principal component analysis method with space and time windows for damage detection[J]. Sensors, 2019, 19(252111).

[35] Gu J, Wang Z, Kuen J, et al. Recent advances in convolutional neural networks[J]. Pattern Recognition, 2018, 77: 354-377.

[36] Krizhevsky A, Sutskever I, Hinton G E. ImageNet classification with deep convolutional neural networks[J]. Communications of the ACM, 2017, 60(6): 84-90.

[37] Szegedy C, Liu W, Jia Y, et al. Going deeper with convolutions, Boston, MA, United states, 2015[C]. IEEE Computer Society, 2015.

[38] He K, Zhang X, Ren S, et al. Deep residual learning for image recognition, Las Vegas, USA, 2016[C]. IEEE Conference on Computer Vision and Pattern Recognition(CVPR), 2016.

[39] Huang G, Liu Z, Van Der Maaten L, et al. Densely connected convolutional networks, Hawaii, USA, 2017[C]. IEEE Conference on Computer Vision and Pattern Recognition(CVPR), 2017.

[40] Redmon J, Divvala S, Girshick R. You only look once: Unified, real-time object detection, Las Vegas, USA, 2016[C]. IEEE Conference on Computer Vision and Pattern Recognition(CVPR), 2016.

[41] Ren S, He K, Girshick R, et al. Faster R-CNN: Towards Real-Time Object Detection with Region Proposal Networks[J]. IEEE Transactions on Pattern Analysis and Machine Intelligence, 2017, 39(6): 1137-1149.

[42] He K, Gkioxari G, Dollar P, et al. Mask R-CNN[J]. IEEE Transactions on Pattern Analysis and Machine Intelligence, 2020, 42(2): 386-397.

[43] Srivastava N, Hinton G, Krizhevsky A, et al. Dropout: A simple way to prevent neural networks from overfitting[J]. Journal of Machine Learning Research, 2014, 15: 1929-1958.

[44] Ioffe S, Szegedy C. Batch normalization: Accelerating deep network training by reducing internal covariate shift, Lile, France, 2015[C]. International Machine Learning Society(IMLS), 2015.

[45] Santurkar S, Tsipras D, Ilyas A, et al. How does batch normalization help optimization? Montreal, QC, Canada, 2018[C]. Neural information processing systems foundation, 2018.

[46] Cheng G, Zhang P, Xu J. Automatic speech recognition system with output-gate projected gated recurrent unit[J]. IEICE Transactions on Information and Systems, 2019(2): 355-363.

[47] Nguyen K, Fookes C, Sridharan S. Context from within: Hierarchical context modeling for semantic segmentation[J]. Pattern Recognition, 2020, 105.

[48] Hu J, Shen L, Albanie S, et al. Squeeze-and-Excitation Networks[J]. IEEE Transactions on Pattern Analysis and Machine Intelligence, 2020, 42(8): 2011-2023.

[49] Gong L, Jiang S, Yang Z, et al. Automated pulmonary nodule detection in CT images using 3D deep squeeze-and-excitation networks[J]. International Journal of Computer Assisted Radiology and Sugery, 2019, 14(11SI): 1969-1979.

[50] Han Y, Wei C, Zhou R, et al. Combining 3D-CNN and Squeeze-and-Excitation networks for remote sensing sea ice image classification[J]. Mathematical Problems in Engineering, 2020.

[51] Xie J, Hou Y, Wang Y, et al. Chinese text classification based on attention mechanism and feature-enhanced fusion neural network[J]. Computing, 2020, 102(3): 683-700.

[52] Lieli R P, Hsu Y. Using the area under an estimated ROC curve to test the adequacy of binary predictors[J]. Journal of Nonparametric Statistics, 2019, 31(1): 100-130.

[53] Buyya R, Yeo C S, Venugopal S, et al. Cloud computing and emerging IT platforms: Vision, hype, and reality for delivering computing as the 5th utility[J]. Future Generation Computer Systems, 2008, 25(6): 599-616.

第4章

基于图像识别的
物流安全检测技术

本章内容共分为两个部分。第一部分主要介绍了针对物流领域的暴力分拣现象而提出的基于图像和视频识别的人为异常操作行为识别相关算法，包括算法的理论基础、算法所应用的场景和实验结果分析，并在此基础上，进一步提出更加轻量化且稳定的检测方法；第二部分主要介绍了针对违禁寄递物品在运输过程中存在的安全隐患问题而提出的安检图像自动识别相关算法。

4.1
人为异常操作行为的智能识别技术

视频行为的识别是一项语义化的复杂任务，因为视频的组成是时间序列而不是一组无顺序的图片累积，所以在进行视频行为识别的时候，既需要理解视频中人类行为的具体内容，又需要进一步理解视频内行为间的逻辑关系。目前根据视频输入方式不同，可以将视频行为识别研究领域划分为以下两个方向：一是直接从监控设备上获取实时高清原视频，二是对于事先进行裁剪的视频片段进行行为识别。本书分别介绍了这两种方法来对快递分拣人员异常操作行为进行识别。

4.1.1 快递分拣人员异常行为研究

4.1.1.1 快递分拣人员异常行为分类

国家邮政局颁布的《快递业务操作指导规范》第二十条指出"快递企业由人工进行快件分拣传送时，如需进行较远距离搬运，应当将快件装入货物搬运设备（如手推车）进行搬运，不得对快件进行猛拉、拖拽、抛扔等破坏性动作"，第二十一条明确规定"快件分拣脱手时，离摆放快件的接触面之间的距离不应超过30厘米，易碎件不应超过10厘米"。根据《快递业务操作指导规范》结合现实生活中的暴力分拣行为，本书将暴力分拣行为分为足踢、抛扔、踩踏这三种情况。

（1）足踢行为

为了节省体力，避免弯腰捡拾包裹，有些分拣员会通过足踢实现包裹的水平位移。但是足踢行为可以造成包裹瞬间遭受较大冲击，使包裹获得大的加速度，导致箱内货品碰撞、振荡，同时可能由此引发包裹的翻滚、跌落，是最主要的暴力分拣行为之一。

（2）抛扔行为

为了节省时间与体力，部分快递包裹操作员会通过抛扔（图4.1）进行包裹的装卸或搬运，因此抛扔行为是造成包裹损坏的最频发的行为，且包裹距离其接触面高度往往较大，因此对于货品损坏的程度也会更大。

（3）踩踏行为

由于每次的分拣任务众多，在快递分拣过程中，操作员往往

图4.1　两种典型暴力分拣行为［抛扔（左）、踩踏（右）］

有意识或者无意识地单足踩踏至包裹上方（图4.1），造成塑料、纸质、水果生鲜等类型的货品被挤压而受损，造成不可逆转的经济损失。

4.1.1.2　快递分拣人员异常行为特征

对于快递包裹的暴力分拣行为具有瞬时性、多样性、易混淆性等特性，为识别增加了难度。

（1）瞬时性

对于以上提到的三种暴力分拣行为，由行为开始发生至行为发生终止，皆发生在2s以内，这一特性为人工辨识造成了障碍，派遣专业人员时刻查看监控录像来判定暴力分拣行为的做法并不可行。此外，由于其动作的发生频率高且持续时间短，采用抽样调查的方式识别效果极其有限。因此，采用机器学习算法进行此类动作的辨识凸显出很大的必要性，且要求可获取视频的帧率大于20帧/s。

（2）多样性

暴力分拣行为的多样性体现在时间和地点多样性、操作人员特征和数量多样性和行为动作的多样性。这一特性的辨识对于人类而言非常简单，但是对于机器学习而言就需要制作包含多类样本的数据集实现准确识别。其中包括多场景、多操作员、多时段的原始视频拍摄。

（3）易混淆性

本书所研究的行为识别的易混淆性表现在两个方面：时空易混淆性和行为易混淆性。其中，时空易混淆性体现在由摄像头将真实场景的三维场景转化为二维视频图像播放时，容易造成视觉错位，造成对操作员行为动作的误判；行为易混淆性表现在操作员进行正常分拣动作时也会造成包裹处于类似被暴力分拣的动作和状态，由此引发误判。

在设计分类器时，无监督学习（unsupervised learning）是利用未被分类标记的样本数据集来训练系统。这种学习算法只能在暴力分拣数据或非暴力分拣数据上进行训练。OCSVM 将数据转换为三维特征空间，然后搜索将部分输入数据与其余数据分开的最佳超平面。OCSVM 的优点是它以灵活的方式描述数据，因为不需要按照严格的概率分布来实现。最近邻（k-Nearest Neighbor）是一种数据驱动的方法，它只是一个 k-Nearest Neighbor 分类器，其中 k 的值可根据实际情况需要做具体选择。k-Nearest Neighbor 的基本概念是将输入记录分配给最接近传入记录的类。对于每个存储的记录，使用输入的记录和存储的记录之间的最小距离来计算输入的记录的欧氏距离，如果最小距离大于阈值，则将输入记录视为异常。

4.1.2 基于视频识别的快递分拣人员异常行为检测算法

4.1.2.1 算法流程图

基于视频识别的快递分拣人员异常行为检测算法通过学习正常行为的模式，构建出正常行为的模型，将那些偏离正常模型的测试样本判定为异常。在训练阶段，首先要从视频中提取出具有一定描述性和区分度的特征，以实现对视频中目标的运动行为或场景的特性进行建模，然后通过机器学习算法或深度学习算法学习从视频的特征中训练出正常行为的模型。在测试阶段，利用已训练好的模型获得测试视频的特征表示并对其分类，从而判断出视频中是否有异常行为。可以看出，影响监控视频中异常行为检测算法精度的两个关键性步骤是视频行为特征的描述方法与视频行为模型的构建。视频中异常行为检测算法的流程框图如图 4.2 所示。

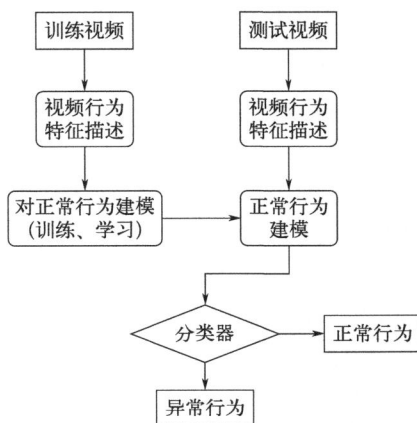

图4.2 异常行为检测流程图

4.1.2.2 R-C3D 模型简介

区域卷积 3D 网络（region convolutional 3D network，R-C3D）使用轴上 xyz 三维方向全卷积网络对视频流进行编码，生成包含活动的候选时间区域，最后将选定的区域分类为特定的活动。端到端学习的卷积神经网络特征已经成功地用于活动识别，特别是 3D 卷积神经网络，使用递归神经网络（RNN）来编码帧或视频块特征序列并预测每个时间步骤的活动标签。为了达到更加可靠的模型，本书将 2D 部分区域（RoI 池）扩展到 3D，该 3D 区域用从特征图中提取出的动作提议提取固定长度的特征表示。因此，本书所使用的模型可以利用任何时间粒度的视频特征。R-C3D 网络结构如图 4.3 所示。

R-C3D 网络由三部分组成：

① 3D 卷积层（ConvNet）：特征提取网络，以视频帧作为输入，通过卷积计算出特征（features）。提取出的特征被后面两个子网络所共享。

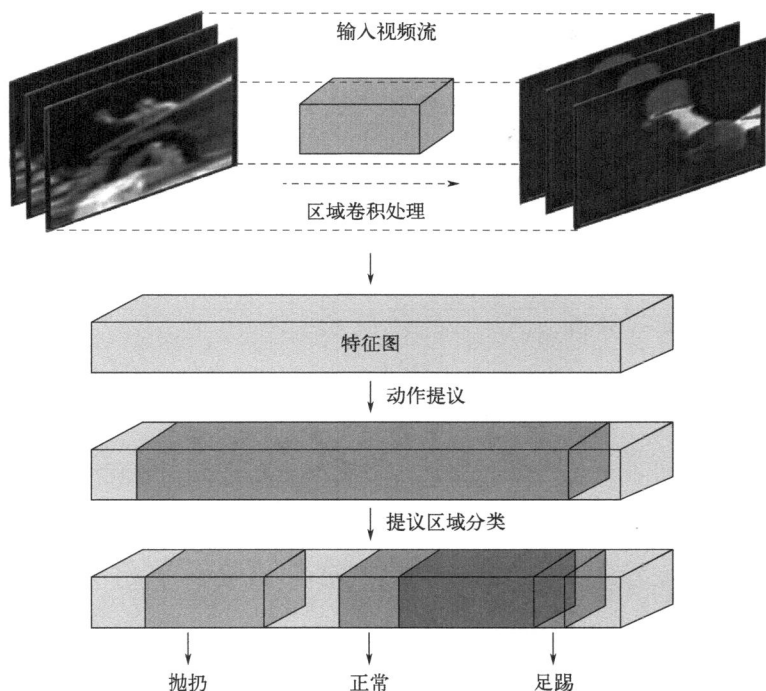

图4.3　R-C3D网络结构图

② 候选段（Proposal Subnet）：以特征（features）作为输入，生成不同长度的提议（proposals）以及相应的置信度得分。

③ 分类及调整（Classification Subnet）：对候选进行过滤，将特征图通过 3D 感兴趣区域（ROI Pooling）池化成固定长度的特征，然后进行行为类别分类并预测出精修后的行为边界。

结合 R-C3D 算法，本书提出了一种基于视频识别技术的快递操作人员异常行为检测方案来解决物流行业存在的暴力分拣问题。本书中采用的是区域卷积 3D 网络（R-C3D），这是一种端到端并且可以按需随时训练的神经网络，应用场景主要有时间序列处理、语音处理和自然语言处理，优化改进之后可以适用于更多场景下的应用。受最近比较流行的 R-CNN 对象检测方法的启发，提取全部卷积的 3D ConvNet 特征，并在中间截取可能包含活动的时间区域称为整个区域的建议区域，然后在这些建议区域中汇集如时域、空域等特征来预测真正的活动类别。需要注意的是，C3D 模型的输入尺寸为 $3 \times L \times H \times W$ 的视频，其中，L 为视频帧数。

4.1.2.3 实验分析

（1）数据集的收集

在我国，快递分拣方式主要以人工进行分拣为主，物流网点的常见工具就是传送带和巴枪，甚至部分快递公司没有足量的巴枪，只能人工进行识别和分类。因此为提高效率，快件分拣过程中的操作不规范等乱象频出。近年来，暴力分拣受到了广泛关注，但在每年的快递高峰期诸如"双十一""双十二"期间，该问题仍在不断涌现。虽然政府部门已开始采取一系列对策，但由于实施困难，落实到网点仍是效果甚微。暴力分拣现象严重影响了消费者对快递行业的信心。

通过前往快递网点调研、网络搜索、自行录制视频等途径，收集抛扔类视频 120 个，足踢类视频 120 个，无违规动作视频 20 个。如表 4.1，利用其中 100 个视频进行前期的模型训练，其余视频进行后期测试检验。

表4.1　数据集来源及使用说明表

动作	数据来源	训练使用	测试使用
抛扔	自行录制、网络收集	100	20
足踢	自行录制、网络收集	100	20
正常	自行录制、网络收集	—	20

（2）实验过程及结果分析

本书的实验模型是输入一系列尺寸为 $3 \times L \times H \times W$ 的 RGB 视频帧，3D ConvNet 的架构取自图 4.3 提出的 C3D 架构，并且本书采用的模型是可以根据实际情况做出任意改变的，模型中 C3D 的卷积层为 conv1a 到 conv5b，因此产生一个特征映射 conv5b $\in R512 \times L\ 8 \times H\ 16 \times W\ 16$（512 是 conv5b 层的信道维数）作为该子网的输出。本书使用 conv5b activations 作为建议和分类子网的共享输入。其中，框架的高度（H）和宽度（W）在之后各取 112，帧数（L）只受内存限制因此可以任意取值。

图 4.4 展示出在 Anaconda 中 jupyter notebook 上的模型部分训练过程，在这个过程中，本实验给锚段分配正标签和负标签，实验过程严格遵循对象检测的标准。如果锚段与某个真实活动重叠，交集 - 并集（IOU）高于 0.7，或者与某个地面真实活动重叠的 IOU 最高，则选择正标签；如果锚段与所有地面实况活动的 IOU 重叠低于 0.3，则给它一个负面标签。其他所有数据都不参加训练。

图4.4　异常行为识别结果

模型训练后利用数据集中剩余的抛扔、足踢、正常动作的各 20 组视频对模型进行测试实验，代码运行环境为 Anaconda Prompt，网络框架为 Pytorch，即 Torch 的 Python 版本。采用

Pytorch 是因为其计算图为动态的，可以根据实际需要做出改变。在本书代码中把最终结果的输出定义为两种状态: True 和 False。True 表示视频中存在抛扔或足踢动作，也就是说两者中至少有一种异常操作行为被成功识别出来; False 表示视频中不存在异常操作行为或者由于视频片段过长在过程中出现运行错误。

表 4.2 展示出抛扔、足踢、正常分拣三种动作的测试结果。根据实验结果，不难发现该模型对于正常动作、抛扔动作的识别成功率较高，对足踢动作识别程度较低。主要原因为抛扔动作时，人体上肢浮动较大，形状特征和运动特征相比足踢较为明显，且模型训练程度高。影响实验结果的因素还包括视频中快递操作人员手臂抛扔和足踢时的速度、角度，以及多种动作组合操作时两种动作之间衔接的连续性、一贯性等。此外，一些客观因素如视频拍摄角度、光线明暗、背景干扰等也对识别过程存在一定的影响。

表4.2　实验结果和识别成功率

动作	成功	测试使用	识别成功率
抛扔	16	20	80%
足踢	14	20	70%
正常	19	20	95%

经分析，部分视频识别失败的原因主要有以下几点: 足踢的检测过程中，存在上肢动作（例如摆手臂）且幅度较大，也会同时被认定为抛扔行为; 足踢时大腿动作幅度过小，仅有小腿的动作，导致特征提取不足，因此该足踢动作很难被识别到; 抛扔动作的检测过程中，手臂抛扔的幅度较小时也会存在间断性识别失败。

针对以上问题，需要进一步对暴力分拣视频模型进行研究，增加训练数据集样本数量，多场景下进行拍摄以提高模型容错性，在提升识别模型准确性、鲁棒性和效率的同时，考虑是否可以实现将识别模型移植到实时监控中。在获取充分的快递暴力分拣行为检测大数据后，考虑建立数据与决策关系的专家系统，利用专家系统直接给出企业运营层面的决策指导也是一个有意义的研究内容。

4.1.3 基于图像识别的快递分拣人员异常行为检测算法

4.1.3.1 YOLOv5 模型概述

YOLOv5 网络结构分为输入端、主干网络、Neck 网络和预测四部分，共有四种模型：YOLOv5s、YOLOv5m、YOLOv5l、YOLOv5x。四种模型性能对比见图 4.5，复杂度对比见表 4.3。其中 YOLOv5s 目标检测速度最快，因为其网络参数最少，但检测精度相比其他几种是最差的；而 YOLOv5x 是检测效果最好的，参数最多，但时间上最慢。

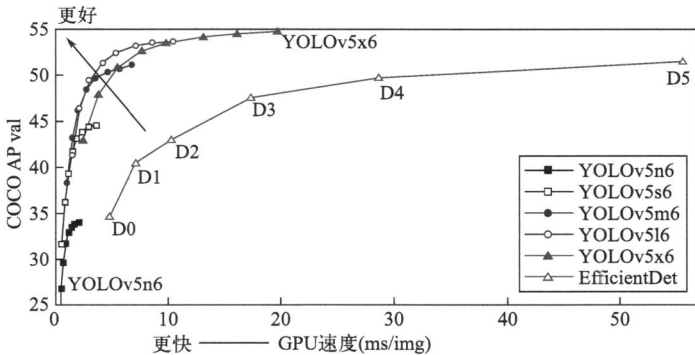

图4.5 YOLOv5四种模型性能对比图

表 4.3　YOLOv5 四种模型复杂度对比表

·	YOLOv5s	YOLOv5m	YOLOv5l	YOLOv5x
depth_multiple	0.33	0.67	1	1.33
width_multiple	0.5	0.75	1	1.25
BottleneckCSP 数 BCSPn（True）	1,3,3	2,6,6	3,9,9	4,12,12
BottleneckCSP 数 BCSPn（Flase）	1	2	3	4
Conv 卷积核数量	32,64,128, 256,512	48,96,192, 384,768	64,128,256, 512,1024	80,160,320, 640,1280

　　YOLOv5-6.0 版本于 2021 年 10 月 12 日发布，其网络结构如图 4.6 所示。其中，网络的输入端输入图片为 $608 \times 608 \times 3$，采用 Mosaic 数据增强的方式增加网络鲁棒性；基准网络使用了 CSP Darknet53 结构，并使用 Focus 作为基准网络；Neck 网络对主干网络提取到的特征进行再加工，利用 FPN+PAN 结构获得特征映射进行预测；输出层使用 CIOU Loss 作为预测边框的损失函数，并在后处理过程中使用加权 NMS 对目标边框进行筛选。

　　YOLOv5 神经网络的参数分为普通参数和超参数两种。其中普通参数包括权重 w 和偏置 b 等，可以在训练过程中通过梯度下降法进行优化调整；而超参数包括学习率、网络层数等，通常需要人工指定。通过比较不同的超参数训练得到的模型在验证集上的表现性能得到较优的模型。

　　（1）YOLOv5 训练与预测方法（图 4.7）

　　（2）检测精度

　　分类结果的混淆矩阵如表 4.4 所示，其中精度（precision）和召回率（recall）的计算公式分别为式（4.1）和式（4.2）。

表 4.4　分类结果的混淆矩阵

真实情况	预测结果	
	正例	反例
正例	TP（真正例）	FN（假反例）
反例	FP（假正例）	TN（真反例）

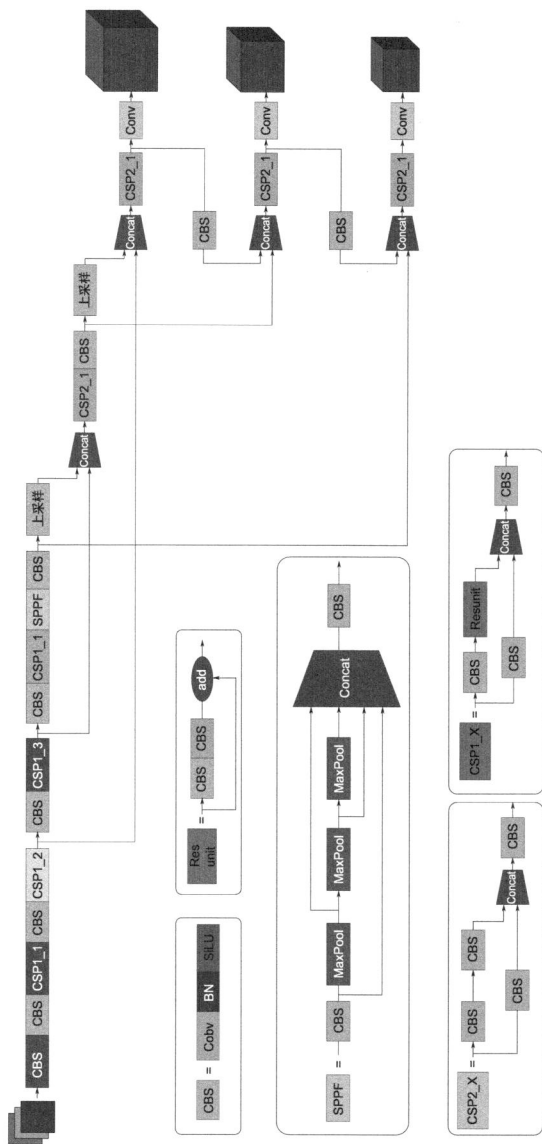

图4.6 YOLOv5-6.0网络结构图

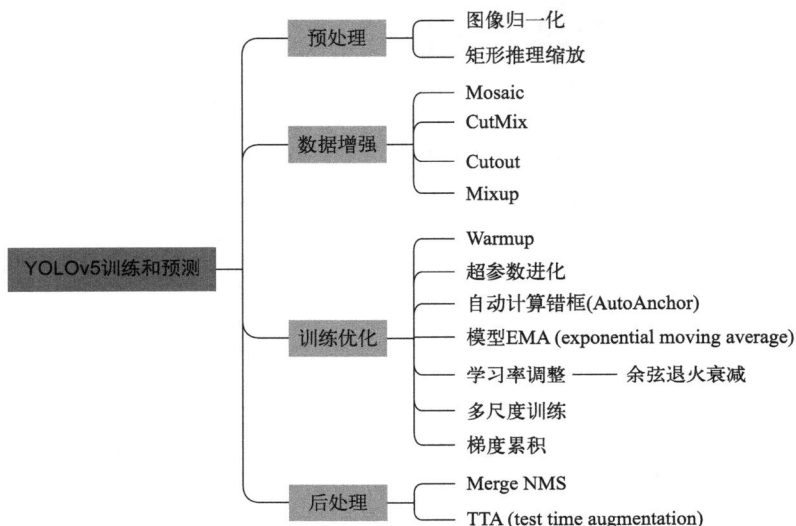

图4.7 YOLOv5训练与预测方法

$$precision = \frac{TP}{TP + FP} \qquad (4.1)$$

$$recall = \frac{TP}{TP + FN} \qquad (4.2)$$

P-R 曲线为精度和召回率的关系曲线; AP (average precision) 为 P-R 曲线下面积的近似, 其值可以用来衡量模型的表现; mAP (mean average precision) 是衡量训练效果的重要指标, 其表示各类别 AP 的平均值。

(3) 检测速度

① 前传耗时。前传耗时是指在网络结构中, 从图像输入直到数据输出所使用的时间。

② 每秒帧数（FPS）。YOLOv5 将 FPS 作为检测速度的评判指标。它是指每秒能处理的帧数。在对视频中的目标实时检测时，需要更快的处理速度来更好地满足实时检测的需求，因此模型的检测速度越快，说明检测越精准。

③ 浮点运算量（FLOPS）。浮点运算量是指输入一张图片所需要进行的浮点运算的数量，它与算法所使用的硬件设备无关，因此可以公正地反映算法的检测速度。

（4）损失函数

损失函数可以度量模型预测值与实际值之间的差异。损失函数的值可以在很大程度上表征模型的性能。

YOLOv5 的损失函数（图 4.8）涵盖分类损失（cls_loss）、定位损失（box_loss）和置信度损失（obj_loss）三大部分。其中分类损失可以计算锚框与其对应的标定分类是否一致；定位损失可以计算预测框与其标定框之间的误差；置信度损失用于计算网络的置信度。

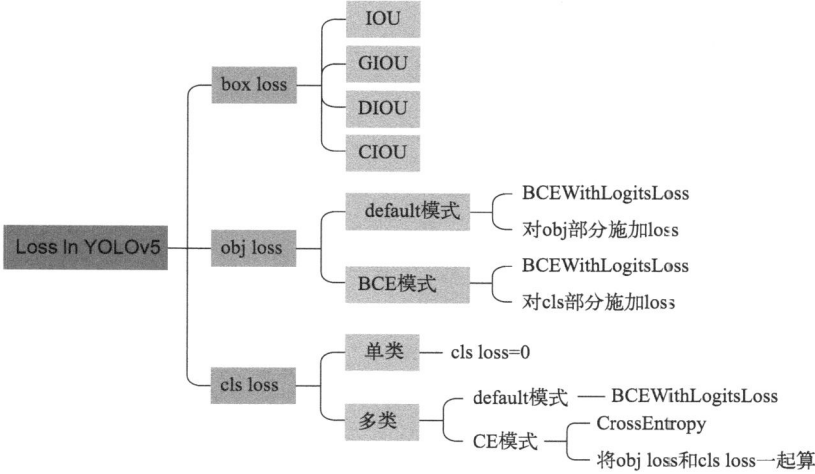

图 4.8　YOLOv5 损失函数

YOLOv5 计算分类损失的方法为二元交叉熵，见式（4.3）、式（4.4）。其中 N 代表类别总个数，x_i 是当前类别的预测值，y_i 是经过激活函数计算后当前类别的概率，y_i^* 是当前类别的真实值，L_{class} 是分类损失。

$$y_i = \text{sigmoid}(x_i) = \frac{1}{1 + \text{e}^{-x_i}} \tag{4.3}$$

$$L_{class} = -\sum_{n=1}^{N} y_i^* \log y_i + (1 - y_i^*) \log(1 - y_i) \tag{4.4}$$

YOLOv5 计算定位损失的方法为基于 IOU（交并比）的多种计算方式，包含 IOU、GIOU、DIOU、CIOU 等。其中 CIOU 为前几种计算方式的升级，将预测框与真实框的长宽比例问题考虑在内，目前应用最多，如图 4.9 和式（4.5）～式（4.8）所示。v 是预测框与真实框的长宽比例差值归一化后的结果。其中 v 的值在 0 到 1 之间；α 是平衡因子，用来权衡长宽比例造成的损失和 IOU 造成的损失。

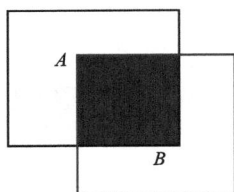

图4.9 真实框与预测框

$$\text{IOU} = \frac{|A \cap B|}{|A \cup B|} \tag{4.5}$$

$$\text{CIOU}(B, B_{gt}) = \text{IOU}(B, B_{gt}) - \frac{\rho^2(B, B_{gt})}{c^2} - \alpha v \tag{4.6}$$

$$v = \frac{4}{\pi} (\arctan \frac{w^{gt}}{h^{gt}} - \arctan \frac{w}{h})^2 \tag{4.7}$$

$$\alpha = \frac{v}{1 - \text{IOU}(B, B_{gt}) + v} \tag{4.8}$$

4.1.3.2 数据集的获取

与其他类型的目标检测不同，快递的暴力分拣行为在时间上具有瞬时性、在场景上具有多样性、在人体形态上具有易混淆性，数据集的制作很大程度上影响着快递暴力分拣行为的辨识准确度。

本书在分析调研快递暴力分拣行为常发类型和人体姿态特征的基础上，进行相关视频与图像的拍摄。邀请了4位实验人员分别模拟单人单包裹、单人多包裹、多人单包裹、多人多包裹情景下白天和傍晚两种时间的快递包裹分拣行为，应用多个设备多角度拍摄了共计511个足踢、抛扔、踩踏和正常四种行为的mp4格式的视频（视频帧率为24帧/s～60帧/s不等）和若干张不同尺寸大小的png格式的图片进行实验，从而保证数据集中分拣行为的多样性。

（1）足踢行为

本书拍摄的足踢动作按照足踢高度可分为踢起和平踢两种，按照图片中人物的朝向可分为侧向踢和前向踢两种，如图4.10所示。

图4.10　足踢行为

（2）抛扔行为

本书拍摄的抛扔动作按照抛扔过程可以分为抛起和跌落，按照操作员动作可以分为双手抛、单手抛，按照操作员站位可以分为前向抛扔、侧向抛扔，如图 4.11 所示。

图4.11　抛扔行为

（3）踩踏行为

本书拍摄的踩踏动作按照操作员站位可以分为前向踩踏、侧向踩踏和后向踩踏，如图 4.12 所示。

（4）正常行为

本书拍摄的正常行为主要包括正常托举、正常捡拾、正常行走、正常站立，拍摄正常行为的目的主要是与易混淆的暴力分拣行为进行区分，如图 4.13 所示。

4.1.3.3　视频预处理与图像分类

本书使用的 OpenCV 版本为 4.5.5.62，引用 VedioCapture 读取

图4.12　踩踏行为

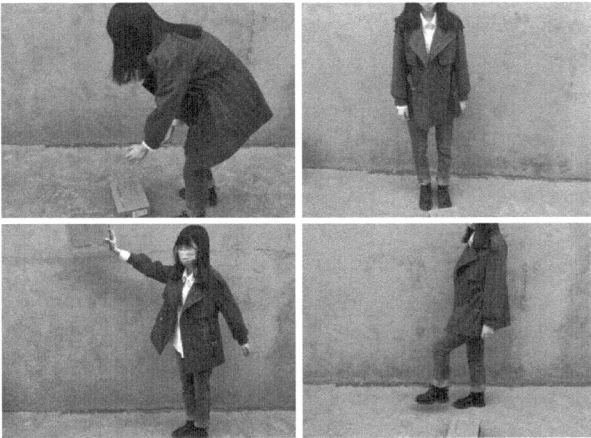

图4.13　正常行为

事先储存在计算机的 mp4 格式的视频文件，利用 timeF 设定视频帧计数间隔频率，设定每隔 3 帧进行一次视频图像的截取，并通过 imencode 把图像转化成 png 格式批量保存在指定文件目录下。

本研究用于实验拍摄的原视频格式如图 4.14 所示。将视频截取及人工拍摄的共计 2723 张图片分为足踢（kick）、抛扔（throw）、踩踏（trample）和正常（normal）四类存放于同一文件夹下。

图4.14 原视频格式示例

4.1.3.4 数据集标注

机器学习有关的图像标注软件有 labelimg、labelme、RectLabel、VOTT、LableBox 等。由于 labelimg 工具具有资源占用小、支持快捷键操作，以及可直接生成采用 YOLOv5 模型训练所需的 txt 格式的文件等优点。本研究采用 labelimg 工具进行图片标注工作。

进入 labelimg 的界面后，将标注类型改为 YOLO，单击"Open

Dir"选择图片所在的 images 文件夹，然后单击"Change Save Dir"选择需要存储 labels 的文件夹，即可对图片进行矩形框标注。labelimg 界面如图 4.15 所示。

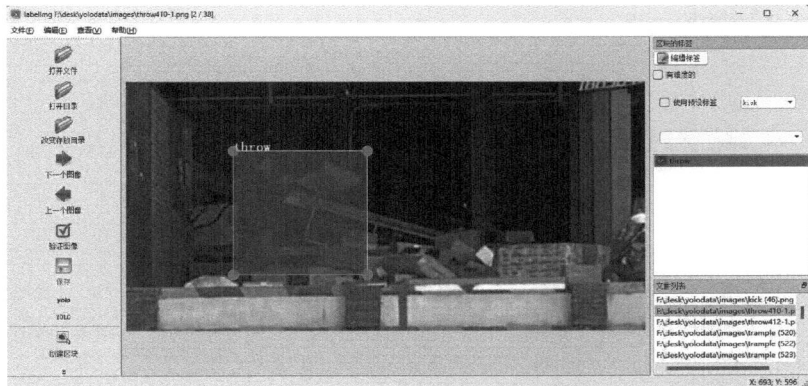

图4.15 labelimg标注示例

目标进行矩形框标注后即保存为 txt 格式的文本文件，包含"class"类文件和其他标注文件。其中，将图片归一化处理后，第一列用数字对应表示物体类别，本研究的类别中，0 代表足踢，1 代表正常，2 代表抛扔，3 代表踩踏；第二列及第三列表示目标物体的中心点坐标 (x, y)；第四列及第五列分别表示目标物体的宽度和高度。

本书的研究对于图片的标注具有以下两种思路：一种是基于人体行为特征进行标注，以人体的足踢、抛扔、踩踏、正常动作，以及快递包裹与人的相对位置为识别目标，这种方式可以更全面地识别暴力分拣行为发生时的多样化的人体动作，但是容易受到其他与目标行为无关的人体动作的干扰；另一种思路是基于目标动作特征进行标注，以与暴力分拣行为直接相关的人的肢体和快递包裹的相对位置为识别目标，这种方式可以弥补第一种方式的不足，但是也失去了第一种思路中对于人体姿态识别的优势，容易将正常分拣行为识别为异常。综合上述，本研究分别制作了基于人体运动特征和基于目标动作特征的两种数据集，并分别进行模型训练和暴力分拣行为的预测，对比分析训练与预测结果。数据集的结构如图 4.16 所示。

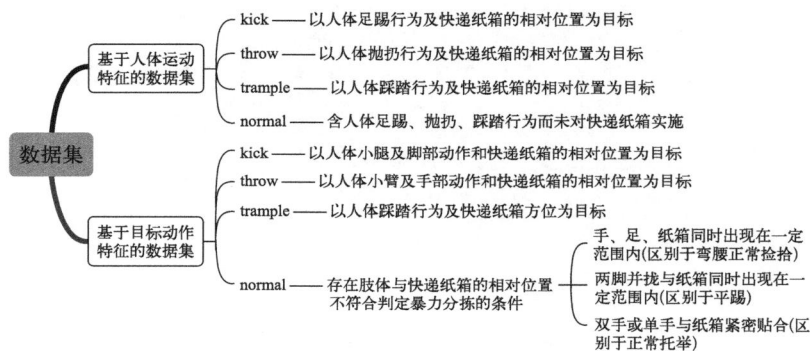

图4.16　数据集结构

4.1.3.5　基于人体运动特征的数据集

（1）数据集简介

通过观察可以发现典型的快递暴力分拣行为的发生常常伴随着踢腿、抬手、抬腿等人体动作，因此基于人体运动特征的数据集将操作员发生足踢、抛扔、踩踏行为时的人体姿态以及人体与快递包裹的相对位置作为识别目标进行标注。基于人体运动特征的数据集中训练集标签的大小及分布情况如图 4.17 所示，其中左上角图片表示各类动作标签的数量，右上角图片表示图像归一化后的标签形状，左下角图片表示图像归一化后目标区域的中心点位置坐标，右下角图片表示图像归一化后的宽度和高度分布。

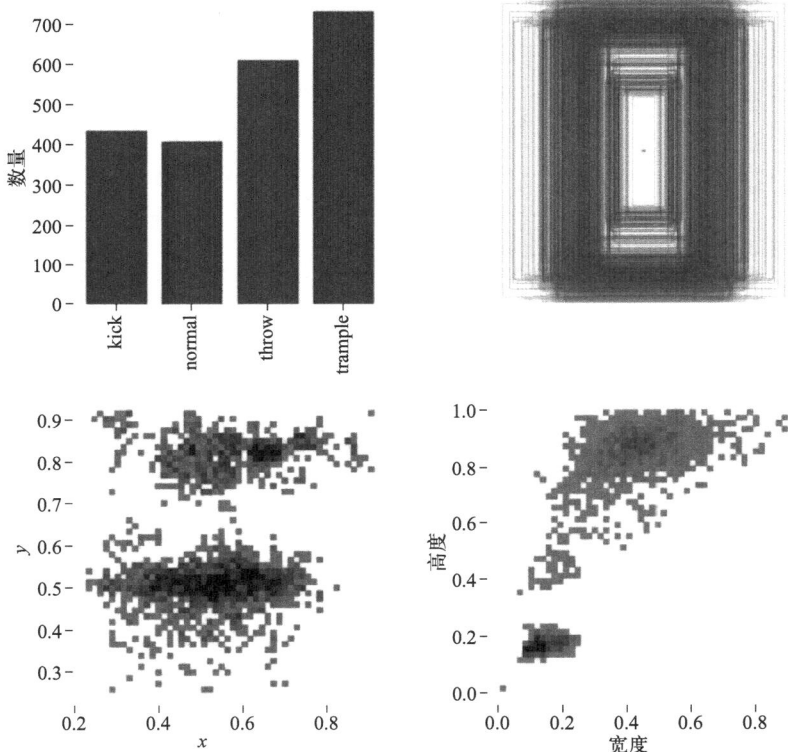

图4.17 基于人体运动特征的数据集中训练集标签的大小及分布

（2）异常动作特征

足踢行为发生时人体会发生单脚离地状态，且通常包裹与脚分离时双腿夹角大于30°。抛扔行为发生时人体手臂多呈现伸展状态且手部非握拳状态。踩踏行为发生时人体双足不在同一水平面，单腿呈弯曲状态。

（3）正常行为特征

暴力分拣行为的识别具有易混淆性，由于识别目标为整个人体及其周边环境，相对于图片的尺寸较大，而快递包裹相对较小，因此包裹是否存在对于识别结果影响不大。但是现实场景中快递包裹的存在与否却对识别结果起着决定性作用，因此除了对于异常行为进行标注之外，还获取了正常行为的图片进行标注，一定程度上避免识别混淆。

4.1.3.6　基于目标动作特征的数据集

（1）数据集简介

通过观察可以发现典型的三种快递暴力分拣行为的发生皆是由人体四肢动作引起，基于此，构建了基于目标动作特征的数据集，就是将引发包裹状态异常的人体部位（通常为手、足、腿三个部位）和快递包裹的相对位置作为标注目标进行标注。基于目标动作特征的数据集中训练集标签的大小及分布情况如图 4.18 所示，其中左上角图片表示各类动作标签的数量，右上角图片表示图像归一化后的标签形状，左下角图片表示图像归一化后目标区域的中心点位置坐标，右下角图片表示图像归一化后的宽度和高度分布。

（2）异常动作特征

足踢行为发生时人体脚部与地面通常非平行状态，且包裹多出现在足部正前方。抛扔行为发生时人体手部为伸展状态。踩踏行为发生时人体足部出现在包裹正上方且发生接触。

（3）正常行为特征

暴力分拣行为识别的易混淆特性，对于此数据集具体表现在这个数据集的标注以造成包裹被暴力分拣的人体部位和包裹作为识别目标，容易与正常的捡拾、行走发生混淆。因此，还拍摄了正常行为图像，标注正常分拣的区域，一定程度上避免混淆。

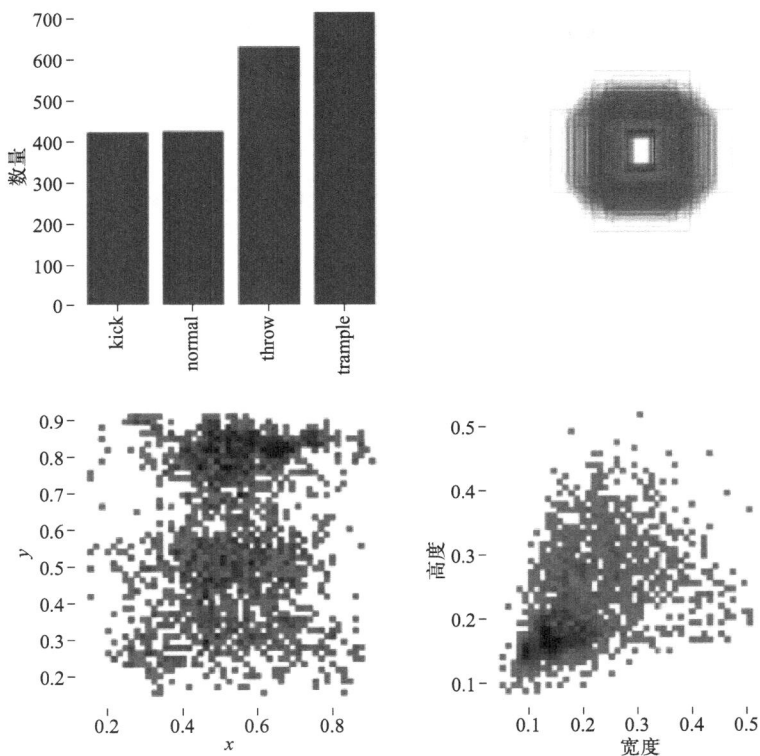

图4.18　基于目标动作特征的数据集中训练集标签的大小及分布

4.1.3.7　训练集、验证集与测试集的划分

在机器学习或者是模式识别的过程中，通常为了有效进行机器学习中的模型训练与预测，需要将数据样本随机按比例划分为训练集（train set）、验证集（validation set）和测试集（test set）三个部分。训练集用于更新模型参数。验证集用于评估由训练得到的多种模型或者同一模型的不同参数配置的性能。测试集并非必

要的，它可用于检测最终所选择的最优模型的性能。

本书分别将基于人体运动特征的数据集和基于目标动作特征的数据集中的视频按帧切割后的操作图片及对应生成的标注文件随机分为三组，其中训练集约占总数据集样本的 80%，验证集占10%，测试集占 10%。划分数据集程序和效果如图 4.19 所示，划分后的数据集结构如图 4.20 所示。

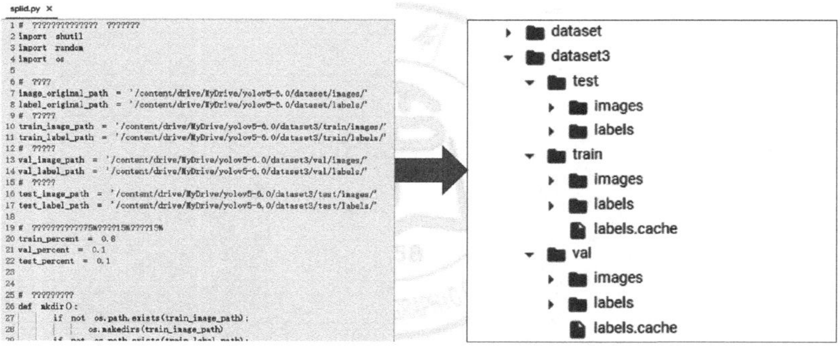

图4.19　按比例随机划分数据集程序及效果

4.1.3.8　实验分析

（1）实验环境

Google Colaboratory（以下简称 Colab）是 Google 为机器学习的开发和研究者提供的 jupyter notebook 工具，可以实现在其上面运行 Pytorch、Tensorflow 等深度学习框架。本书是将制作好的数据集上传至 Google Drive，进而将 Google Drive 挂载至 Colab 中，进行后续训练操作。

训练中 Google 提供的硬件资源为 Tesla K80，显存约为 11.2GB，pytorch 版本为 1.11，CUDA 版本为 11.2，如图 4.21。

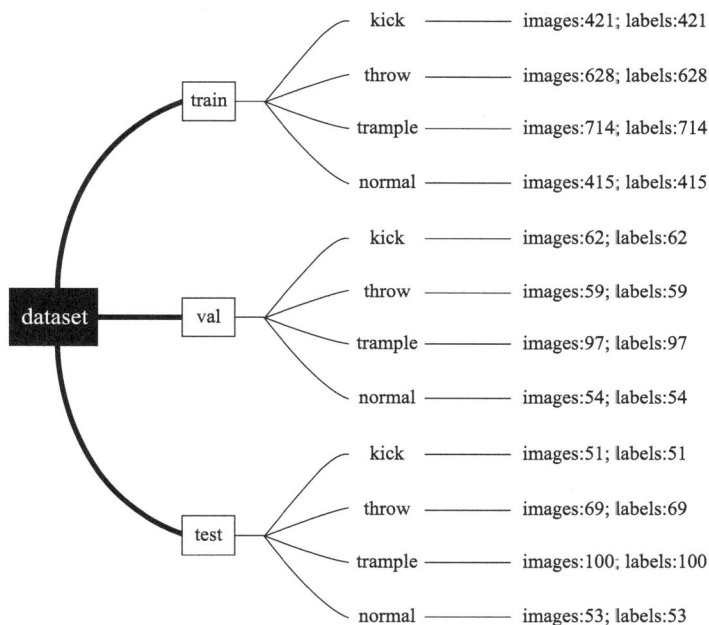

图4.20　划分后的数据集结构

```
+-----------------------------------------------------------------------------+
| NVIDIA-SMI 460.32.03    Driver Version: 460.32.03    CUDA Version: 11.2     |
|-------------------------------+----------------------+----------------------+
| GPU  Name        Persistence-M| Bus-Id        Disp.A | Volatile Uncorr. ECC |
| Fan  Temp  Perf  Pwr:Usage/Cap|         Memory-Usage | GPU-Util  Compute M. |
|                               |                      |               MIG M. |
|===============================+======================+======================|
|   0  Tesla K80           Off  | 00000000:00:04.0 Off |                    0 |
| N/A   33C    P8    28W / 149W |      0MiB / 11441MiB |      0%      Default |
|                               |                      |                  N/A |
+-------------------------------+----------------------+----------------------+
```

图4.21　训练显卡配置

学习率 lr0 为 0.01，余弦退火超参数 lrf 为 0.1，学习率动量 momenttum 为 0.937，权重衰减系数 weight_decay 为 0.0005，分类损失的系数 cls 为 0.5，有无物体损失的系数 obj 为 1.0，标签与

anchors 的 iou 阈值为 0.5，色调 hsv_h 为 0.015，饱和度 hsv_s 为 0.7，明度 hsv_v 为 0.4，未使用旋转、剪切和透视变换等。

训练总轮次（epochs）为 300，批次大小（batch-size）为 64，输入图片分辨率为 640ppi，设定 resume 中预设值为 true，进行接续训练，防止训练中出现意外情况导致中断，如图 4.22 所示。

图 4.22　训练过程（batch-size 为 64）

（2）训练结果及分析

从训练结果可看出两种不同标注方式的数据集均得到了比较好的训练效果。具体而言，基于人体运动特征的数据集训练的 P-R 曲线和损失函数如图 4.23 和图 4.24 所示；基于目标动作特征的数据集训练的 P-R 曲线和损失函数如图 4.25 和图 4.26 所示。

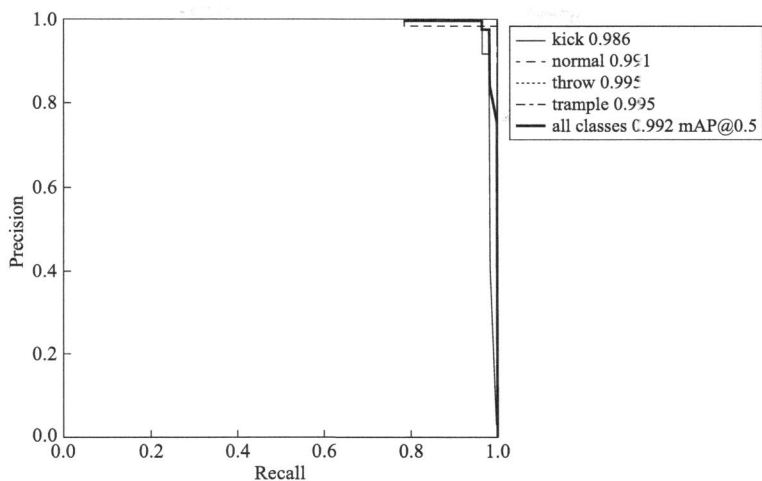

图4.23　P–R曲线（基于人体运动特征的数据集）

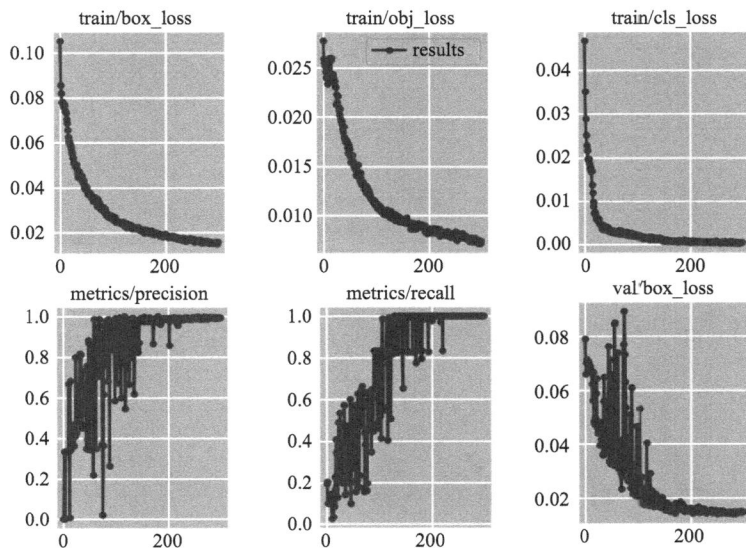

图4.24

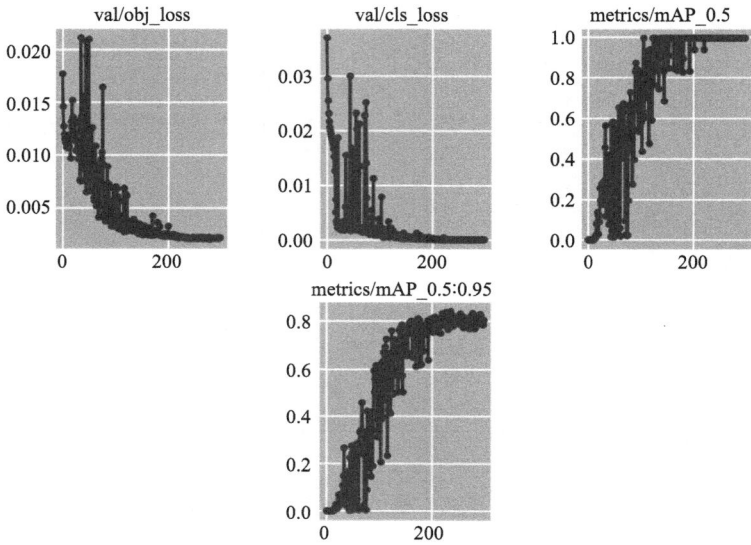

图4.24 损失函数（基于人体运动特征的数据集）

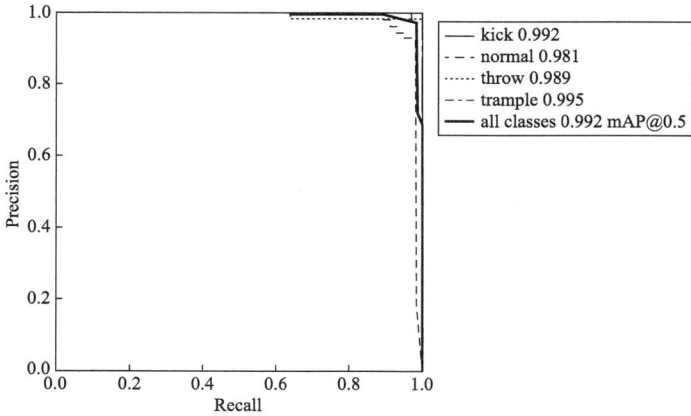

图4.25 P-R曲线（基于目标动作特征的数据集）

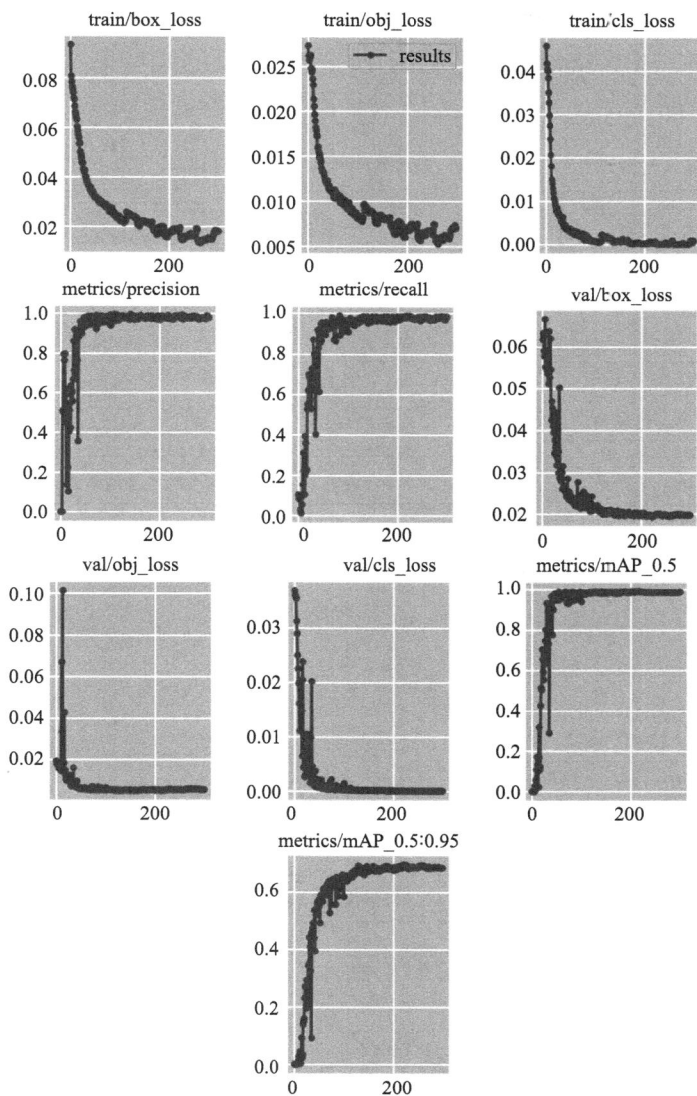

图4.26　损失函数（基于目标动作特征的数据集）

根据训练结果的 P-R 曲线进行两个数据集 mAP 值的对比得表 4.5，当 IOU 阈值设置为 0.5 时，基于人体运动特征的数据集的训练效果略优于基于目标动作特征的数据集的训练效果。

表4.5　两个数据集 mAP 值对比

动作类别	mAP （基于人体运动特征的数据集）	mAP （基于目标动作特征的数据集）
Kick（踢）	0.986	0.992
Throw（扔）	0.995	0.989
Trample（踩）	0.995	0.995
Normal（正常）	0.991	0.981
All classes（全部类型）	0.992	0.989

对训练结果的损失函数进行对比得出当 epochs 为 300 时，基于人体运动特征的数据集训练得到的模型损失函数逼近于 0，而基于目标动作特征的数据集训练得到的模型损失函数的定位损失和置信度损失波动仍然较为明显。

训练结果表明，综合来看，基于人体运动特征的数据集的训练效果优于基于目标动作特征的数据集，主要原因是基于目标动作特征的数据集的样本标签相对尺寸较小，标签位置的小幅波动对训练结果亦会产生较大影响。

4.1.4　基于轻量化对抗增强的复杂强噪背景下物流违规操作检测方法

4.1.4.1　YOLOv5 模型的改进与优化

由于以上方法的检测效果和稳定性较低，模型训练和检测成本高，因此本书针对物流违规操作问题以 YOLOv5 网络为主要框架还提出了一种面向复杂强噪背景的轻量化对抗检测方法，克服了物流违规操作检测成本高和检测精度低的问题，有效降低了人工干预工作量。为解决传统的卷积操作得到的特征图中部分通道获取的信息冗余的问题，本书参考 Ghostnet 网络提出一种轻量化的 GhostC3 模块。由于在训练过程中部分通道未学习到非常有价值的特征，为解决通道信息冗余，并且尽可能使用更少的参数量获取含有更多信息的特征图，将 C3 结构中的 Conv 模块更改为 Ghostconv 模块，其结构如图 4.27 所示。

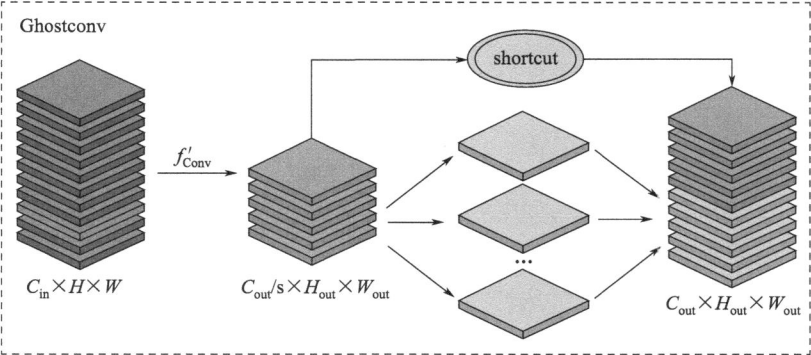

图 4.27　Ghostconv 模块

给定输入特征图 $X \in \mathbf{R}^{C_{in} \times H \times W}$，Conv 模块如式（4.9）所示将输入特征图通过函数 f_{Conv} 处理得到输出特征图；而 Ghostconv 模块如式（4.10）所示将输入特征图通过函数 f'_{Conv} 处理，并经过缩放因子 s 降低通道数去除冗余通道，再通过式（4.11）所示的线性运算得到全新特征图。其中 y_i 是 Y' 中第 i 个特征图，函数 $\varphi_{i,j}$ 是指第 j 个线性运算，Y_{ij} 是输出特征集合的元素，最后将降低通道数的特征图和线性运算得到的特征图拼接得到最终的特征图。

$$Y = X \times f_{\text{Conv}} \qquad (4.9)$$

$$Y' = X \times f'_{\text{Conv}} \qquad (4.10)$$

$$Y_{ij} = \varphi_{i,j}(y_i); \forall i = 1, \cdots, \frac{C_{\text{out}}}{s}; j = 1, \cdots, s \qquad (4.11)$$

将 Bottleneck 模块中的 Conv 模块更改为 Ghostconv 模块，并应用于 GhostC3 模块，如图 4.28 所示。其中，Bottleneck 模块步距（stride）设置为 1，输入的特征图经过两个 Ghostconv 模块与其自身进行相加得到输出特征图。同时，更改 C3 模块中的 Bottleneck 模块，并且将输出时 Conv 模块更改为 Ghostconv 模块，其中更改后的 GhostC3 模块应用于 Backbone 和 Head 中。并且，Backbone 中 GhostC3 使用捷径（shortcut），Neck 中 GhostC3 不使用捷径（shortcut）。

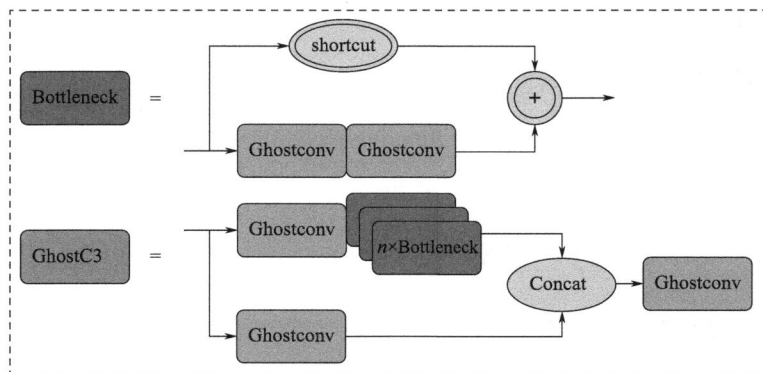

图4.28　Bottleneck模块和GhostC3模块

（1）Conv 模块的改进

为提高网络的强噪声数据下的检测能力，引入对抗学习的思想，其中生成对抗网络（generative adversarial network，GAN）主要包含如图 4.29 所示的生成器（generator，G）和鉴别器（discriminator，D）两部分，生成器和鉴别器之间形成对抗，并且生成器和鉴别器可以是任何非线性映射的函数。

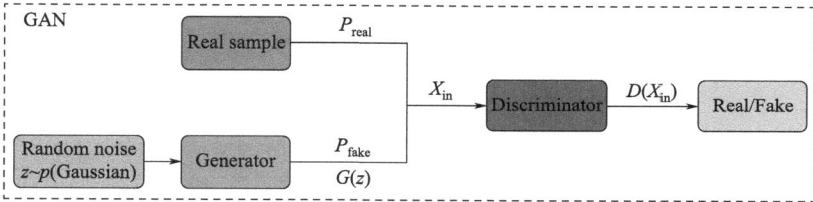

图 4.29　GAN 结构图

生成对抗网络中生成器负责将随机服从高斯分布的噪声 z 生成为分布近似于实际样本的数据 $G(z)$；鉴别器负责判断输入的特征 X_{in} 是真实样本还是生成器生成的样本。其中生成器要不断及时优化生成的数据，使真实数据分布 Preal 和生成数据分布 Pfake 尽可能相似，以达到鉴别器无法鉴别出数据为生成数据的目的。鉴别器的目的是提升自身的鉴别能力，更好地识别真实数据和生成的虚假数据的区别，因此其优化公式可表示为式（4.12）。

$$\min_{G} \max_{D} L(D,G) = E_{X_{in} \sim P_{real}}[\log D(X_{in})] + E_z[\log(1 - D(G(z)))]$$

$$(4.12)$$

为提高网络对高噪声图片的检测效果，引入通道注意力模块。通道注意力模块可以获取特征图不同通道间重要程度，在网络训练的过程中，通道注意力模块会增大存在重要语义信息的通道的权重，降低冗余信息通道的权重。通道注意力模块结构如图 4.30 所示，由全局平均池化（global average pooling，GAP）和若干个全连接层（fully connected layer，FC）以及激活函数组成。

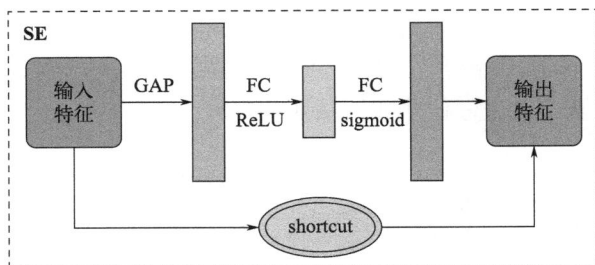

图4.30　通道注意力模块

给定输入特征图 $X \in \mathbf{R}^{C_{in} \times H \times W}$，通过全局平均池化压缩特征矩阵的高和宽，输出为通道维度的矢量 $\boldsymbol{u} = [u_1, u_2, u_3, \cdots, u_{C_{in}}]$。全连接层和激活函数的计算过程可表示为式（4.13），先降低通道维度再升高通道维度。其中 σ_1 是 ReLU 激活函数，σ_2 是 sigmoid 激活函数，计算公式如式（4.14），最终输出得到通道权重与原特征图的乘积。

$$V = \sigma_2(FC_2(\sigma_1(FC_1(u)))) \tag{4.13}$$

$$\sigma_1(x) = \max(0, x) \tag{4.14}$$

$$\sigma_2(x) = \frac{1}{1 + e^{-x}} \tag{4.15}$$

因此为增强网络的特征学习能力并提升网络的抗噪能力，结合对抗学习思想和通道注意力模块，提出一种如图 4.31 所示的轻量化对抗模块（lightweight adversarial conv，LAconv），将 Backbone 和 Neck 中的 Conv 模块修改为 LAconv 模块。将 Ghostconv 模块中的线性变换作为生成器 G，将通道注意力模块作为鉴别器 D，轻量化对抗模块中运用生成器 G 的线性变换生成类似于真实特征图的虚假特征图与降低通道的真实特征图拼接，输入至通道注意力模

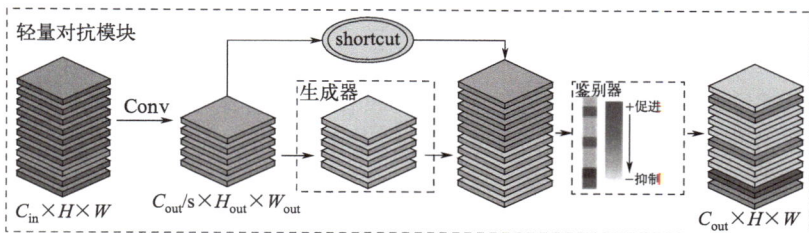

图 4.31　LAconv 模块结构图

块作为鉴别器来鉴别生成数据的真伪，二者形成对抗关系。

（2）损失函数的改进

YOLOv5 的损失函数由分类损失（classification loss）、定位损失（localization loss）和置信度损失（confidence loss）三部分组成。其中分类损失和置信度损失使用二值交叉熵损失（BCELoss，binary cross entropy loss）。定位损失使用 GIOU 损失，见式（4.16），取代了 IOU 损失，解决了预测框和真实框不相交时损失无法回传的问题，不仅关注重叠区域，还关注其他非重叠区域，能更好地反映两者的重合度。但是，GIOU 损失在预测框和真实框没有很好地对齐时，会导致最小外接框的面积增大，从而使 GIOU 的值变小，不利于模型优化。

$$GIOU = IOU - \frac{A^C - U}{A^C} \tag{4.16}$$

$$GIOU\_Loss = 1 - GIOU \tag{4.17}$$

为解决上述定位损失的缺点，将 GIOU 损失调整为如式（4.18）～式（4.21）所示的 CIOU 损失。具体调整如下，首先将 GIOU 中的惩罚项最小外接矩形修改为如式（4.18）所示的最小化真实框和预测框中心点的欧氏距离 ρ^2（b，b^{gt}），并加入最小包围两个边界框的对角线长度的平方 c^2 进行修订。同时，加入能够同时包含预测框和真实框的最小闭包区域的对角线距离。并且，为了充分地考虑横纵比对预测的影响加入式（4.20）、式（4.21）所示的惩罚项，其中 w^{gt}、h^{gt} 分别代表预测框的宽和高，w、h 分别代表目标框的宽和高。通过上述的调整，定位损失充分考虑了横纵比与预测框和真实框的关系，并且能够提高网络模型的检测精度。

$$\text{CIOU} = \text{IOU} - \frac{\rho^2(b, b^{gt})}{c^2} - \alpha v \tag{4.18}$$

$$\text{CIOU\_Loss} = 1 - \text{CIOU} \tag{4.19}$$

$$\alpha = \frac{\upsilon}{1 - \text{IOU} + \upsilon} \tag{4.20}$$

$$v = \frac{4}{\pi}(\arctan \frac{w^{gt}}{h^{gt}} - \arctan \frac{w}{h})^2 \tag{4.21}$$

（3）改进后的网络结构

YOLOv5 网络本身具有检测速度快、适用性广的特点，以 YOLOv5 网络为主要框架，如图 4.32 所示将 C3 模块修改为 GhostC3 模块、Conv 模块修改为 LAconv 模块并且修改定位损失函数为 CIOU 损失。改进后的网络具有检测效果优异、推理迅速、轻量化的特点，满足复杂高噪物流环境下违规操作的检测。

4.1.4.2 实验分析

（1）实验环境

本次实验所使用的处理环境的显卡为 NVDIA Tesla K80，CPU 为三颗 Xeon E5-2678 v3 处理器，操作系统为 Ubuntu 18.04，深度学习框架为 Pytorch 架构。具体配置见表 4.6。

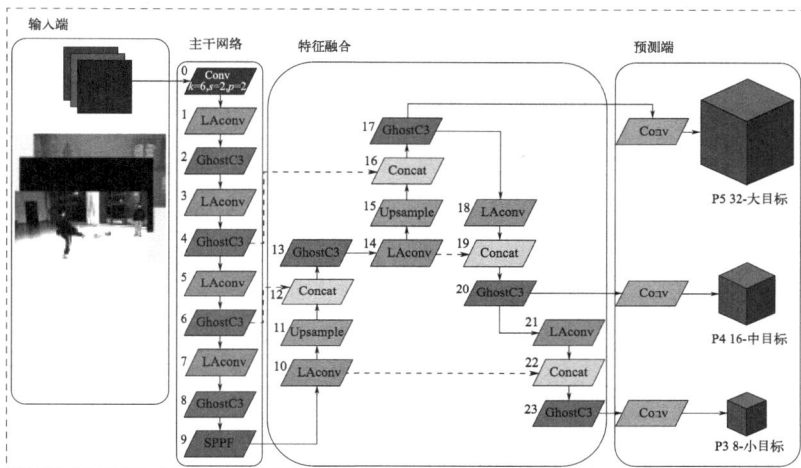

图 4.32　改进 YOLOv5 结构图

表 4.6　实验环境配置

软 / 硬件	配置信息
操作系统	Ubuntu 18.04
Python 版本	Python3.8
CPU	3×Xeon E5-2678 v3
GPU	NVIDIA Tesla K80
加速环境	CUDA11.3 Cudnn8.0

　　训练时采用 SGD 优化器优化网络，使用 Mosaic 数据增强，调整批量大小为 64，初始学习率设置为 0.001，动量为 0.937，权重衰减系数为 0.0005，迭代次数设置为 500，模型深度系数为 0.33，宽度系数为 0.5，具体参数见表 4.7。

表 4.7   模型训练参数

参数名称	参数取值
输入图片尺寸	640×640
批量大小	64
模型深度系数	0.33
模型宽度系数	0.5
优化器	SGD 优化器
迭代次数	500
初始学习率	0.001
动量	0.937
权重衰减系数	0.0005

（2）数据预处理

① 数据集采集。为验证模型效果，使用物流违规操作数据进行验证。因物流违规操作数据在真实物流环境下采集困难，实验所需数据集是由本书作者使用 TP-LINK 高清摄像头拍摄的模拟快递员异常操作行为，其中包含足踢、抛扔和踩踏三类常见的快递员异常操作行为。共采集图片 1215 张，其中足踢 344 张，抛扔 531 张，踩踏 340 张。调用 OpenCV 库将获取的数据集处理为如图 4.33 所示的雾天、高曝光和黑夜场景，其中每个动作下的每类场景数量占比相同。

图 4.33   数据集示意图

② 数据标注。不同类别的图片数据使用 Labelimg 数据标注工具进行标注，其中物流违规操作分为三类，分别是足踢、抛扔、踩踏。其中类别 0 代表足踢，标签为 kick；类别 1 代表抛扔，标签为 throw；类别 2 代表踩踏，标签为 trample。按照表 4.8 示例标注后的文件包括标注的类别、经过规一化操作的人工标注框的中心点坐标、标注框宽度和高度，最终将数据集按 8：2 随机分配为训练集和测试集，得到实验所需数据集。

表4.8　数据标注示例

名称	中心点坐标		宽度	高度
	X轴	Y轴		
kick	0.37025	0.49519	0.15912	0.15912
throw	0.41009	0.50888	0.21721	0.21721
trample	0.49241	0.85094	0.21951	0.21951

（3）实验结果与分析

① 消融实验。为验证网络修改的有效性，将网络的改进依次对比，见表 4.9。其中，base 为未改进的 YOLOv5 基础版本；改进 1 为即将 C3 模块修改为 GhostC3 模块；改进 2 为将 Conv 模块修改为 LAconv 模块；改进 3 为将 GIOU 损失函数修改为 CIOU 损失函数。

表4.9　消融实验对比图

Model	GhostC3	LAconv	CIOU	mAP0.5/%	参数量	检测时间 /ms
base				94.5	6.69M	20.3
改进 1	√			92.9	4.71M	**16.7**
改进 2		√		96.6	5.67M	22.9
改进 3			√	95.1	6.69M	20.5
本书方法	√	√	√	**96.1**	**3.67M**	19.8

由表 4.9 可知，本书方法 mAP 最高且值为 96.1%，参数量最小为 3.67M；改进 1 的检测时间最少，为 16.7ms。改进 1 相对于 base 版本 mAP 降低 1.6%，参数量降低 1.98M，检测时间降低 3.6ms；改进 2 相对于 base 版本 mAP 提高 2.1%，参数量降低 1.02M，检测时间增加 2.6ms；改进 3 相对于 base 版本 mAP 提高 0.6%，参数量相同，检测时间增加 0.2ms；本书方法相较于 base 版本 mAP 提高 1.6%，参数量降低 3.02M，检测时间降低 0.5ms。由此可见，本书方法在 mAP 和参数量方面明显优于 base 版本和其他改进方法，本书方法针对复杂高噪声图片有效提高了算法效果。

② 对比实验。为了更好地展示改进后网络模型的优势，采用相同的违规操作数据集在相同的实验环境下进行训练，训练结果如图 4.34 和表 4.10 所示，可知：

a. 在识别精度方面，本书方法检测的 mAP 为 96.1%，高于 YOLOv3-tiny、YOLOx-tiny、YOLOv3、YOLOv3-spp、SSD、Centernet、YOLOv5（分别高出 14.3%、3.5%、6.7%、5.8%、7%、5.7%、1.6%）。

b. 在参数量大小方面，本书方法的参数量为 3.67M，低于 YOLOv3-tiny、YOLOx-tiny、YOLOv3、YOLOv3-spp、SSD、Centernet、YOLOv5（分别低了 1.17M、4.6M、54.67M、55.45M、20.86M、28.04M、3.02M）。

c. 在检测时间方面，本书方法单张图片的检测时间为 19.8ms，少于 YOLOv3、YOLOv3-spp、SSD、Centernet、YOLOv5（分别少 62.5ms、68.5ms、73.2ms、59ms、0.5ms），比 YOLOv3-tiny、YOLOx-tiny 的检测时间略多了 6.9ms、5.7ms。

d. 在单类违规操作的识别精度方面，本书方法足踢检测的 mAP 高于 YOLOv3-tiny、YOLOx-tiny、YOLOv3、YOLOv3-spp、SSD、

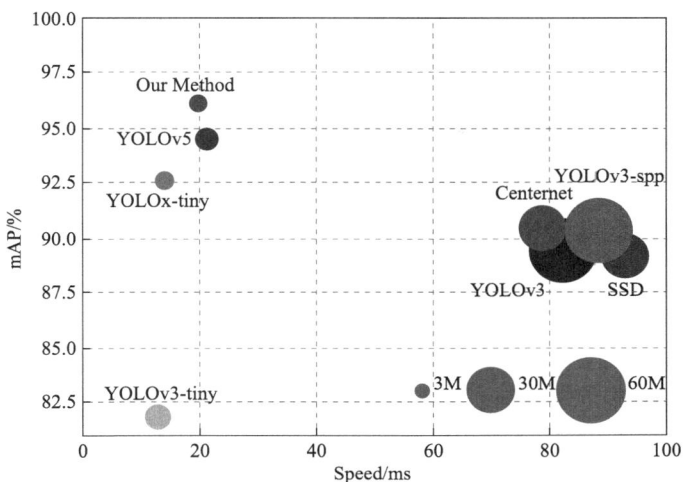

图4.34　实验结果对比

表4.10　单类检测结果对比表

Model	mAP0.5/%	AP0.5/%		
		kick	throw	trample
YOLOv3-tiny	81.8	73.9	78.7	92.8
YOLOx-tiny	92.6	84	94.3	99.5
YOLOv3	89.4	80.7	92.9	94.5
YOLOv3-spp	90.3	82.7	93.2	95
SSD	89.1	80	88.2	99.2
Centernet	90.4	84.2	90.6	96.5
YOLOv5	94.5	**91.9**	92.1	99.5
本书方法	**96.1**	89.6	**97.5**	**99.5**

Centernet（分别高 15.7%、5.6%、8.9%、6.9%、9.6%、5.4%），但略低于 YOLOv5 算法 2.6%；本书方法抛扔检测的 mAP 高于 YOLOv3-tiny、YOLOx-tiny、YOLOv3、YOLOv3-spp、SSD、Centernet、YOLOv5（分别高 18.8%、3.2%、4.6%、4.3%、9.3%、6.9%、5.4%）；本书方法踩踏检测的 mAP 高于 YOLOv3-tiny、YOLOv3、YOLOv3-spp、SSD、Centernet（分别高 6.7%、5%、4.5%、0.03%、3%）。

经过本书方法与 YOLOv3-tiny、YOLOx-tiny、YOLOv3、YOLOv3-spp、SSD、Centernet、YOLOv5 在 mAP、单张图片检测时间、模型参数量和单类违规操作识别精度的对比，本书方法的 mAP 最高且值为 96.1%，单类违规操作识别精度除足踢外普遍高于其他算法，参数量最小且值为 3.67M，单张图片检测速度略高于 YOLOv3-tiny、YOLOx-tiny，检测时间为 19.8ms。因此本书方法的网络结构在面向复杂高噪图片时取得了优异的检测效果，在保证 mAP 提高的前提下，有效降低了模型参数量和检测时间。

③ 实验结果分析。为了更好地验证模型的效果，如图 4.35 所示选取测试集不同的复杂环境图片进行测试。其中图 4.35(a) ～ (b) 所示为雾天异常行为的检测效果：图 4.35(a) 所示为 YOLOv5 算法检测时出现误检现象，将墙角检测为异常行为；图 4.35(b) 所示本书算法有效检测并定位出异常操作的位置。图 4.35(c) ～ (d) 所示为高曝光下异常行为的检测效果：本书算法 [图 4.35(d)] 准确识别出异常行为，并且预测框的位置更加准确，检测效果明显高于图 4.35(c) 所示的 YOLOv5 算法。图 4.35(e) ～ (f) 所示为黑夜下异常行为的检测效果：本书算法 [图 4.35(f)] 检测精度略高于图 4.35(e) 所示的 YOLOv5 算法。故本书提出的轻量对抗的方法减少了误检，提高了检测能力。

(a) YOLOv5（足踢检测）

(b) 本书方法（足踢检测）

(c) YOLOv5（抛扔检测）

(d) 本书方法（抛扔检测）

(e) YOLOv5（踩踏检测）

(f) 本书方法（踩踏检测）

图4.35　检测结果

4.2
货物安检图像的智能判别技术

在当今安检领域中，违禁物检测主要依靠人工对 X 射线图像进行识别，将行李放置到具有穿透能力的 X 射线安检机中，会在终端设备上生成 X 射线图像，检测人员则需在传送带传输行李的较短时间内识别行李中是否含有违禁物。检测人员需要准确识别出行李中物品的种类，判断出违禁物的类别和所在位置，将各种危险状况阻挡在交通运输的开端。由于违禁物品具有种类多样、尺寸差别较大、物质构成复杂等情况，严重考验检测人员的专业能力。更为严重的是，在多种因素的作用下，包裹内物品的位置基本上都是不确定的，有些物品还会由于外力的作用产生形变，出现与通常状态下截然不同的形状和尺寸，给检测人员造成困扰，影响对于物体类别的判断。并且 X 射线安检图像在物品重叠时会模糊不清，非常容易发生漏检、误判的现象，致使违禁物品流入社会，给犯罪分子有机可乘，危害社会稳定。

安检人员长时间处在这种高压的环境下工作难免会出现疏忽，造成漏检、误检。因此，安检领域需要一种智能判别技术，能够将行李中的违禁物自动、快速、准确地识别出来。

本书主要研究管制刀具、爆炸物品、枪支弹药三种违禁寄递物品的 X 射线图像识别。通过对违禁寄递物品 X 射线图片的研究，发现其具有小样本的特性，对于各个种类的违禁品的 X 射线图像数据集的数量较少，本书研究使用的数据库每类数据集也仅有 100 张图片左右。且 X 射线安检机成像出来的图片具有多标签的特性，需要在一张图片上标出多种物品类别的标签。

基于上述违禁寄递物品小样本、多标签的特性，本书提出了一种基于深度学习的违禁寄递物品检测识别方法。

4.2.1 小样本学习

小样本关联学习是在有少量数据集的基础上，对这些数据集进行学习和训练再进行预测得到最佳的模型和预测的结果。当几种简单的样本用人眼识别的时候可以很快地识别出来，但是在机器学习的情况下，需要采集大量的数据集经过无数次的学习和训练，才能得到很好的模型进行一系列新的数据样本的检测。

小样本的先验知识主要来自以下三个方面：数据、模型、算法。所有小样本学习的研究也都是从这三个方面入手，因此，小样本学习方法大致可分为基于数据增强的方法、基于模型改进的方法、基于算法优化的方法三种。

（1）基于数据增强的方法

目前通常会用到的数据增强的方法主要有去除噪声、剪裁、反转、平移、灰度化等，但是这些方法可能仅在特定的环境或者特定的数据集中表现得很好，不具有普遍性。而且设计这些操作需要足够的专业知识和对所处的领域有足够的了解。小样本学习所使用的数据增强方法主要有三个思路：

① 数据集中的样本少，可以训练一个 transformer 学习样本之间的变化，然后使用该 transformer 对小样本数据集进行扩充。

② 小样本数据集＋弱标注数据集，可以训练 transformer 从弱标注数据集中挑选一些样本来扩充小样本数据集。

③ 小样本数据集＋相似的数据集，可以训练一个 GAN 网络，通过学习给小样本数据集加上扰动来生成新样本。基于数据的方法比较容易理解，但是存在的问题是很多工作都不具备普适性，

难以迁移到别的数据集

(2) 基于模型改进的方法

每个模型经过迭代都会得到近似解，而当样本有限时，在假设空间搜索就变得困难。这类方法为了缩小假设空间，主要有四种方法：

① 多任务学习（multitask learning）。这种模型可以处理多个任务，因此也就兼备了模型的普适性和一般性。在处理多个任务时，模型的参数可以是共享的，也可以是相关联的。

② 嵌入学习（embedding learning）。将样本映射到一个低维度空间，从而达到缩小假设空间的效果，然后就可以通过少量的样本求出模型在该假设空间下的近似解。其根据映射到低维空间的方法又分为三类：任务特定型（结合任务的具体特点进行映射）、通用型、结合型（结合任务特定型和通用型）。

③ 基于外部记忆的学习（learning with external memory）。通过对小样本数据集学习得到知识，然后存储到外部，对于新样本，都使用存储在外部的知识进行表示，并根据表示来完成匹配。这种方法可大幅降低假设空间。

④ 生成模型（generative modeling）。生成模型学习小样本数据集的数据分布，并可将其用于各种任务。

(3) 基于算法优化的方法

① 改善已有参数。这种方法从参数初始化的角度着手，主要思路是借助已训练好的模型参数来调整小样本模型的参数，例如：在大数据集训练好模型来初始化小样本模型；聚合其他已训练好的模型到一个模型；给已训练好的模型加一些特用于小样本任务的参数。

② 改善元学习参数。元学习（meta-learning）是当下热门的一个研究方向，它的理念是学习如何学习。它的结构通常由低级模型和高级模型组成，底层模型是模型的主体，顶层模型是 metalearner（元学习者）。更新参数时，它除了要更新底层模型，还要更新元参数。改善策略大致有三类：结合不同特定任务模型参数来对新任务的参数进行初始化；对模型不确定性建模，以备后续提升；改进参数调整流程。

③ 学习优化器。optimizer 每次迭代都会更新上一次的模型参数，现在通过学习小样本数据集中每次迭代的更新值，从而应用在新的测试数据上。

小样本学习是机器学习领域未来很有前景的一个发展方向，它要解决的问题很有挑战性，也很有意义。

4.2.2　小样本学习的算法方式

违禁寄递物品 X 射线图像的小样本关联学习的主要目标是从一个或者几个违禁物品 X 射线图像样本中，通过训练、学习，理解新的概念、类别。但是如果每个新的违禁寄递物品类别（概念）中的已知标记的违禁寄递物品 X 射线图像训练样本只有一个或者只有数个，那么几乎不可能直接利用传统的机器学习模型进行违禁寄递物品 X 射线图像的训练、学习。如上所述，因为没有足够的违禁寄递物品 X 射线图像训练样本进行学习，所以训练出来的违禁寄递物品 X 射线图像识别模型极易出现过拟合现象。因此，我们需要利用学习和想出新的方法来解决小样本关联学习的问题。为了解决这个小样本关联学习的问题，近年来已经有数种研究方案被人们所想出并加以实践。如图 4.36 所示，根据出发点和动机不同，现有违禁物品 X 射线图像的小样本关联学习方法可以大致分为三类：①基于数据扩充的违禁物品 X 射线图像的小样本关联学习方法；②基于元学习的违禁物品 X 射线图像的小样本关联学习方法；③基于度量学习的违禁物品 X 射线图像的小样本关联学习方法。其中基于数据扩充的违禁物品 X 射线图像的小样本关联学习方法核心思想在于解决根部问题，即生成新的数据，从而解决数据不足的问题。当数据达到一定量时，便还能利用传统的机器学习方法解决违禁寄递物品 X 射线图像的小样本关联学习，这种识别方法归根结底还是传统的机器学习方法。第二种方法的核心思想是元学习的思想。从任务分布的角度，主要是利用一个元学习器来帮助基学习器进行训练，学习违禁寄递物品 X 射线图像训练集。最后一种方法核心思想是度量学习的思想，主要目标是通过利用度量学习损失来学习一个具有迁移能力的特征嵌入网络。综上所述，这三类方法都是从迁移学习角度，通过在原先少量数据库的基础之上，扩充一个额外的辅助数据集来帮助解决小样本关联学习问题。本书主要利用了最后一种基于度量学习的违禁寄递物品小样本关联学习方法，并在这个方向上研究违禁寄递物品 X 射线图像的识别。

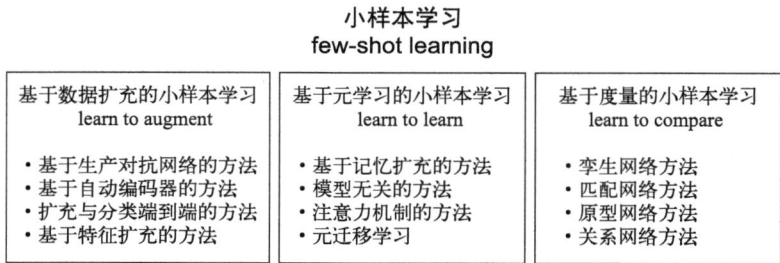

小样本学习
few-shot learning

基于数据扩充的小样本学习 learn to augment	基于元学习的小样本学习 learn to learn	基于度量的小样本学习 learn to compare
·基于生产对抗网络的方法 ·基于自动编码器的方法 ·扩充与分类端到端的方法 ·基于特征扩充的方法	·基于记忆扩充的方法 ·模型无关的方法 ·注意力机制的方法 ·元迁移学习	·孪生网络方法 ·匹配网络方法 ·原型网络方法 ·关系网络方法

图4.36 小样本学习方法划分

4.2.2.1 基于数据扩充的小样本学习

基于数据扩充的小样本关联学习的核心要义：学习扩充（learn to augment），就是在现有的数据库的基础之上，进行加工、旋转、剪切形成的辅助数据库，随后进行学习训练。截止到现阶段，已经有相当多的关联工作已经完成，而在这些完成的工作中，大部分违禁寄递物品小样本关联学习都是建立在违禁寄递物品自动编码器上或者基于生成违禁寄递物品对抗网络完成的。

就比如，Fntoniou 等人曾经提出了建立在生成对抗网络的数据扩充，从而生成新的样本形成辅助数据库，充分利用生成的新样本辅助数据库可以帮助提高小样本关联学习。而生成对抗网络则主要是利用了一个建立在图像的条件生成网络，从基本数据库上进行加工、旋转、剪切来获取数据，得到辅助数据库进行训练，然后使它能够转化生成新的类样本。然而这经历不依赖于类本身的数据，所以它可以钻研出新类。在其他文章中，Aharath Fariharan 等人提出另一种非参的方法，但其核心思想还是建立辅助数据库，过程是通过在训练源数据库中建造四元组的学习方法，训练学习各个样本之间不同的映射类比关系，从而能够生成新的样本。

基于数据扩充的小样本关联学习方法核心思想：通过训练学习部分少量样本之间的映射关系或者训练学习样本潜在的分布，从而实现对小样本关联学习任务中训练的源样本进行扩充，建立辅助数据库，进而辅助实现最后的小样本关联学习。综上所述，基于数据扩充的小样本关联学习方法的发展趋势逐渐演变。最初，该方法通过对图像进行旋转、剪切等处理来实现数据扩充的目的；随着研究的深入，逐渐转向利用新类的特征实例，从而进一步扩充数据集。另一方面，传统的两阶段的方法也慢慢地发展到更加新颖的端到端的阶段方法。另外任务之间相互独立的扩充也慢慢地向任务依赖以及任务自适应的方向发展。总体而言，基于数据扩充的小样本关联学习方法的发展方向正处在不断地向前发展和精益完善的层次。具体而言，基于数据扩充的小样本关联学习方法使用了最直接的方式，即扩充数据的方式，通过在源数据库的基础上，对源数据库进行处理获取相关信息数据，建立辅助数据库，来解决小样本关联学习中最基本的问题：少量训练样本的问题。而基于数据扩充的小样本关联学习方法的突出点是在理想情况下，若能够依靠这几个示例样本就仿真出概念类别隐藏的分布，那么这种方法就可以在这个分布上随意采样，也就是可以生成多种新样本，从而达到建立辅助数据库的目的，如此一来小样本关联学习问题也就可以利用经典的机器学习方法来解决。还有一个优点是它可以结合别的类型的小样本关联学习方法，从而达到进一步提高小样本关联学习模型效能的目的。相反它的缺点也很突出，就是它具有非常复杂的概念（类别）潜在分布，很难对其进行模拟，特别是在样本数据量特别少的时候，从而导致这种学习方法还在研究发展中。

4.2.2.2　基于元学习的小样本学习

　　基于元学习的小样本关联学习核心思想：元学习，即让机器学习如何学习，从而达到小样本关联学习的目的。就像人类小孩子刚出生一样，往往给出一张狗的照片就能知道这是狗，再给出另一张狗的照片时，他就能自己扩增新的数据库。元学习和经典的基学习相比，最突出的差别在于，元学习主要掌握怎样在动态的环境中选择正确的偏置，而基学习中的偏置是已经固定的或者用户定义的。如图 4.37 所示，基学习仅可以针对规定任务数据集

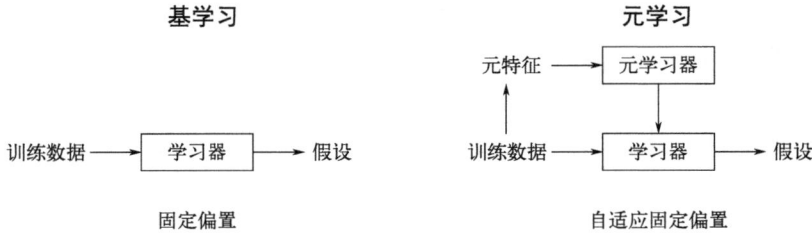

图4.37　元学习和基学习异同

掌握学习一个单一固定的例子，而元学习是采用元学习器，针对任务的不同传递，学习器设定不同的假设，可以看出元学习是任务自适应的。由此可知，元学习极其适应解决小样本关联学习的问题。

元学习利用规定的、数据引擎的方法再结合以前研究者们所涉及的相关学习概念或以前所做过的相关项目经验，让人工智能够实现自己主动并且极为迅速地学会新任务。所以元学习在面对每一项历史任务时，并不仅仅是完成任务，还有对此任务相关特性的学习和积累，这样在执行下一个任务时，难度会大大降低，这时所需求的样本量就会变得更少，并且在训练学习的同时保障了一定的算法精度。元学习是在任务空间中进行训练，当模型执行某项新的历史任务时，无论此次历史任务训练出来的结果是成功提取到相关特征还是提取到了无关的特征，这个训练模型都会学习和积累一定的特征，经过多次执行相关任务以此进行学习和积累，随后任务达到一定的量时，模型会得到质的突破，糅合这些经验就可以形成智能体的"价值观"，意味着机器已经具有了一种会学习的能力。元学习的原理框图如图 4.38 所示，假设这种会学习的能力为抽象函数 $F(x)$。如果出现新的任务，具备自主学习

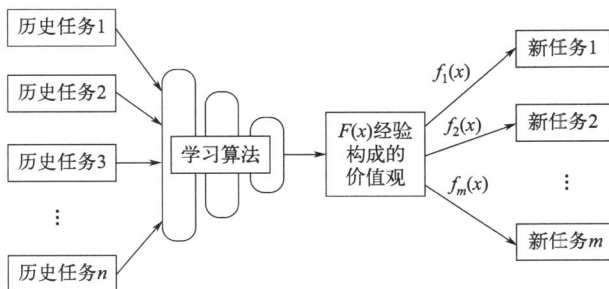

图4.38　元学习的原理框图

能力的模型将通过抽象函数 $F(x)$（类比为"价值观"）来计算相关关系。在这种关系计算下，模型将持续进行深入的训练，以学习新任务，即便这些任务只包含非常有限的样本。这时就可迅速适应和掌握新任务，也就是如图 4.38 中所示抽象出一个个对应新任务 i 的函数 $f_i(x)$。

4.2.2.3　基于度量的小样本学习

　　和数据扩充、元学习不同，基于度量的小样本关联学习方法的核心思想是学习如何比较。其原理就是直接对比查询样本和源数据库之间所存在的关系来训练出可迁移的特征嵌入表示，如图 4.39 所示。其基本流程是首先利用度量学习的思想方法在辅助数据集上训练学习出一个可迁移的深度学习神经网络，随后将违禁寄递物品 X 射线图像训练学习到的可迁移知识用到小样本分类任务上，所以这类方法通常被称为基于度量的违禁寄递物品 X 射线图像的小样本学习方法。这类方法简单且有效。

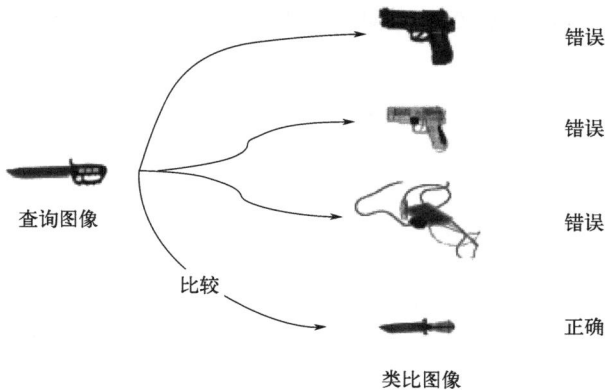

图4.39　度量学习示意图

基于数据扩充的小样本关联学习方法的特点就是可以与其他小样本关联学习方法进行随意整合，从而可以帮助其他类方法。最后，基于数据扩充的小样本关联学习方法的突出点在于处理任意样本的任务，即对 shot 数并不在意。然而这种方法的难点就在于在训练样本极少的情况下做到近似的模拟数据分布，而且这种方法经常利用生成对抗网络的方法来训练学习，由此可知想要优化这种学习方法也极其不易。基于元学习的违禁寄递物品 X 射线图像的小样本关联学习方法的突出点在于能够完成任务分布以外的目标任务，也就是说这种学习方法具有较强的任务自适应性功能，而且能够处理样本数变化的任务，也就是我们常说的 shot 数变化。然而这种方法的缺点也显而易见，就是基于元学习的小样本关联学习方法的模型和构成是比较繁杂的，想要对其进行优化难度较大。

相比之下，基于度量的小样本关联学习算法可以说是最简单的一种学习方法，常常仅存在一个前向网络，并且具有计算速度快、模型结构容易优化的优点，缺点就是不善于处理样本数变化的任务。

4.2.3　多标签图像标注

图像检索技术的根源是图像自动标注技术。以本书研究的违禁寄递物品 X 射线图像识别为例，其标注过程是首先利用计算机技术拾取违禁寄递物品 X 射线图像中所具有的各种视觉内容以及违禁寄递物品 X 射线图像中隐藏的视觉内容，然后采用违禁寄递物品文本名词的方法对这些内容加以描述和判断，这样一整个过程就是完成违禁寄递物品 X 射线图像内容的底层 X 射线图像特征到高层语义的合理映射。

多标签图像自动标注的完整流程可以形象地比作机器用自己

的语言进行主动叙述的过程。标注违禁寄递物品 X 射线图像的过程如图 4.40 所示，为了让机器实现对尚未完成标记的违禁寄递物品 X 射线图像样本进行自动违禁寄递物品 X 射线图像标注，首先需要确定一个违禁寄递物品 X 射线图像训练数据集和一个违禁寄递物品 X 射线图像测试集，在这之中所有的违禁寄递物品 X 射线图像训练样本都已经标注好各自违禁寄递物品种类标签，但是违禁寄递物品 X 射线图像测试样本是没有标注违禁寄递物品种类标签，随后用违禁寄递物品 X 射线图像训练数据集对模型进行训练学习，得到 X 射线图像自动标注模型中的相应违禁寄递物品文本标注模型，然后在违禁寄递物品 X 射线图像测试集中随意选取一个违禁寄递物品 X 射线图像测试样本，放到违禁寄递物品 X 射线图像自动标注模型中，这时模型会自动计算从已给的违禁寄递物品词汇表中检索到的描述该测试违禁寄递物品 X 射线图像的关键字集。违禁寄递物品 X 射线图像自动标注模型如图 4.40 所示，从图像的视觉特征提取到生成图像的标注模型，最后才进行图像标注。

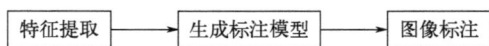

特征提取 ——→ 生成标注模型 ——→ 图像标注

图4.40　图像自动标注模型

4.2.4　多标签分类

同样以本书的违禁寄递物品 X 射线图像为例描述图像标签标注的原理。违禁寄递物品 X 射线图像首先通过深度学习卷积神经网络模型进行处理，以提取图像特征。随后，利用已训练好的违禁寄递物品分类器，对特征进行分类，最后得到违禁寄递物品 X 射线图像标注结果。而违禁寄递物品 X 射线图像的多标签标注的原理是将具有不同类违禁寄递物品标签的 X 射线图像整合在一张 X 射线图片上，再在此张 X 射线图片上标注出多种违禁寄递物品标签。近几年，违禁寄递物品 X 射线多标签图像标注的环境因素虽然变得较为复杂，但是为了突破单标签标注方法的低效限制，目前已经可以实现在一张 X 射线图片上同时标注出多种违禁寄递物品的种类。本书正是利用图像多标签分类实现违禁寄递物品 X 射线图像的标注。

4.2.4.1 多标签分类理论基础

在机器学习中，违禁寄递物品 X 射线图像的多标签分类是研究的中心之一。基本分类框架的核心步骤是特征提取和分类器。近年来的技术革新使得图像多标签分类的算法结构已经足够成熟，而基于深度学习的违禁寄递物品 X 射线图像分类方法是传统的多标签违禁寄递物品 X 射线图像分类方法。在传统的违禁寄递物品 X 射线图像特征提取方法中，特征学习是人工进行的，但是数据集中的背景简单，而大数据集的提取效果不佳。究其原因，是在低层次上很难提取手的特征，而且很难适应复杂背景和干扰的环境。因此，如何提取图像上层的语义特征是图像标注分解的一个非常重要的环节。标签的分类过程和分类方法存在着很大的差异。通常，在给定一个寄递物品 X 射线图像的样本特征向量后，分类器就可以成功地预测出寄递物品样本中可能出现的所有寄递物品标签。

4.2.4.2 多标签分类过程

图像多标签分类的过程以违禁寄递物品 X 射线图像识别为例，一般包括以下几个方面。

（1）训练违禁寄递物品 X 射线图像数据集阶段

违禁寄递物品 X 射线图像数据集是深度学习模型的基本构成

部分，并且违禁寄递物品 X 射线图像原始数据集的大小和用深度学习模型对违禁物品 X 射线图像进行训练的结果有很强的相关性。正常运行的结果是通过人工标注违禁寄递物品 X 射线图像的过程来创建标注训练集。这个标注训练集由违禁寄递物品 X 射线图像的标注结果组成。随后，利用这个违禁寄递物品 X 射线图像训练集，使用深度学习模型进行主动学习，训练模型识别违禁寄递物品 X 射线图像的特征，并建立不同类别违禁寄递物品标签之间的映射关系。

（2）训练基于深度学习算法的违禁寄递物品安检图像识别模型阶段

在构建违禁寄递物品 X 射线图像训练集的基础上，使用一系列特定的算法（本书使用 YOLOv4 算法和基于 Tensorflow 学习框架下的传统 CNN 算法），训练基于深度学习算法的违禁寄递物品安检图像识别模型，使基于深度学习算法的违禁寄递物品安检图像识别模型可以在违禁寄递物品 X 射线图像的训练数据集上进行完整的学习训练，根据违禁寄递物品 X 射线图像自身体现出来的文本信息可以得到更为精确的违禁寄递物品 X 射线图像标签。如果基于深度学习算法的违禁寄递物品安检图像识别模型可以进行充分多次的学习训练，预测违禁寄递物品 X 射线图像标签的结果就越和真实的违禁寄递物品 X 射线图像标注结果相似。可以使用构建好的基于深度学习算法的违禁寄递物品安检图像识别模型输出的违禁寄递物品 X 射线图像标注和真实违禁寄递物品 X 射线图像标注间的误差作为基准值，来衡量基于深度学习算法的违禁寄递物品安检图像识别模型的训练效果。

（3）预测违禁物品阶段

要使基于深度学习算法的违禁寄递物品安检图像识别模型可以针对违禁寄递物品 X 射线图像训练集之外的违禁寄递物品 X 射线图像做出正确的预测标注结果，故而应该在违禁寄递物品 X 射线图像分类标注之前对基于深度学习算法的违禁寄递物品安检图像识别模型进行学习训练。如果学习训练好的基于深度学习算法的违禁寄递物品安检图像识别模型在违禁寄递物品X射线图像训练集上得到的效果较好，但是对于违禁寄递物品X射线图像训练集之外的违禁寄递物品X射线图像得到的预测结果并不好，说明整个基于深度学习算法的违禁寄递物品安检图像识别模型在学习训练违禁寄递物品X射线图像库过程中显示出了过拟合。图像多标签分类过程如图4.41所示。

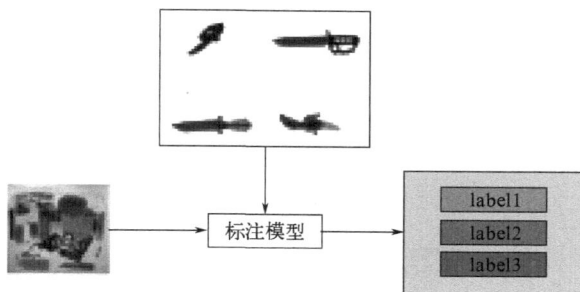

图4.41　图像多标签分类过程

4.2.5　使用Tensorflow构建关系网络与匹配网络

4.2.5.1　单样本学习中的关系网络

关系网络由两个重要的函数组成：嵌入函数f_φ和关系函数g_φ。嵌入函数用于从输入中提取特征。如果输入是图像，那么可以使用卷积网络作为嵌入函数，它会提供图像的特征向量/嵌入。如果输入是文本，那么可以使用LSTM网络来获得文本的嵌入。

单样本学习中，每个类只有一个样本。例如，假设支撑集包含三类，每个类只有一个示例。如图4.42所示，我们只有一个包含3个类的支撑集［管制刀具（controlled knives）、爆炸物品（explosives），以及枪支弹药（guns and ammunition）］。

图像 (x_i)	标签 (y_i)
	controlled knives
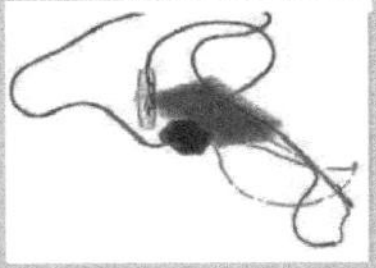	explosives
	guns and ammunition

图4.42　支撑集

假设有查询集 x_j，如图4.43所示，想要预测这个查询图像的类可以通过以下方法。

图4.43　查询图像（x_j）

首先将支撑集中的每个图像 x_i 传递给嵌入函数 $f_\varphi(x_i)$，以提取特征。由于支撑集有图像，因此可以使用卷积网络作为嵌入函数来学习嵌入。嵌入函数将给出支撑集中每个数据点的特征向量。同样，通过把查询图像 x_j 传递给嵌入函数 $f_\varphi(x_i)$ 来学习该查询图像的嵌入。

因此，一旦有了支撑集的特征向量 $f_\varphi(x_i)$ 和查询集的特征向量 $f_\varphi(x_j)$，就使用运算符 Z 将它们组合起来。这里 Z 可以是任意组合算子。使用拼接（concatenation）作为运算符来组合支撑集的特征向量和查询集的特征向量，即 $Z(f_\varphi(x_i), f_\varphi(x_j))$。

如图 4.44 所示，组合支撑集的特征向量 $f_\varphi(x_i)$ 和查询集的特征向量 $f_\varphi(x_j)$，这有助于我们理解支撑集中图像的特征向量与查询图像的特征向量之间的关系。在上述例子中，它将帮助我们理解管制刀具（controlled knives）、爆炸物品（explosives），以及枪支弹药（guns and ammunition）的图像特征向量与查询图像的特征向量之间的关系。

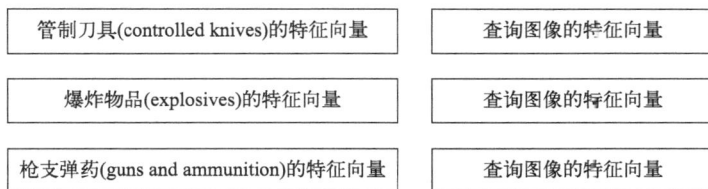

管制刀具(controlled knives)的特征向量	查询图像的特征向量
爆炸物品(explosives)的特征向量	查询图像的特征向量
枪支弹药(guns and ammunition)的特征向量	查询图像的特征向量

图4.44　特征拼接

为了衡量这种关系，使用了关系函数 g。将这些组合的特征向量传递给关系函数，关系函数会生成 $0 \sim 1$ 的关系得分，表示支撑集中样本 x_i 与查询集中样本 x_j 之间的相似性。

式（4.22）展示了如何计算关系网络中的关系得分。

$$r_{ij} = g_\phi\big(Z(f_\varphi(x_i), f_\varphi(x_j))\big) \tag{4.22}$$

式中，r_{ij} 表示支撑集中每个类与查询图像之间相似性的关系得分。因为在支撑集中有 3 个类，在查询集中有 1 个图像，所以会有 3 个分数来表示支撑集中 3 个类与查询图像的相似性。

4.2.5.2 少样本学习中的关系网络

我们已了解了如何将属于支撑集中每个类的单个图像与关系网络的单样本学习场景中的查询集中的图像进行比较。但是，在少样本的学习环境中，每个类会有不止一个数据点。

假设有一个支撑集，其中每个类包含多个图像，如图 4.45 所示。

图像 (x_i)	标签 (y_i)	图像 (x_i)	标签 (y_i)
	controlled knives		guns and ammunition
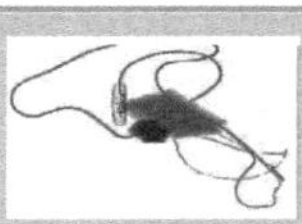	explosives		controlled knives
	guns and ammunition		controlled knives

图 4.45　支撑集

这种情况下，我们将学习支撑集中每个点的嵌入，并对属于每个类的所有数据点的嵌入逐元素相加。因此，我们会得到每个类的嵌入，这是该类中所有数据点的嵌入之和，如图 4.46 所示。

可以像往常一样使用嵌入函数提取查询图像的特征向量。接下来，使用拼接运算符 Z 来结合支撑集的特征向量与查询集的特征向量，进行拼接，然后将拼接后的特征向量提供给关系函数并得到关系得分。关系得分表示支撑集中的每个类与查询集中的每个类之间的相似性。

关系网络在少样本学习环境下的整体表示如图 4.47 所示。

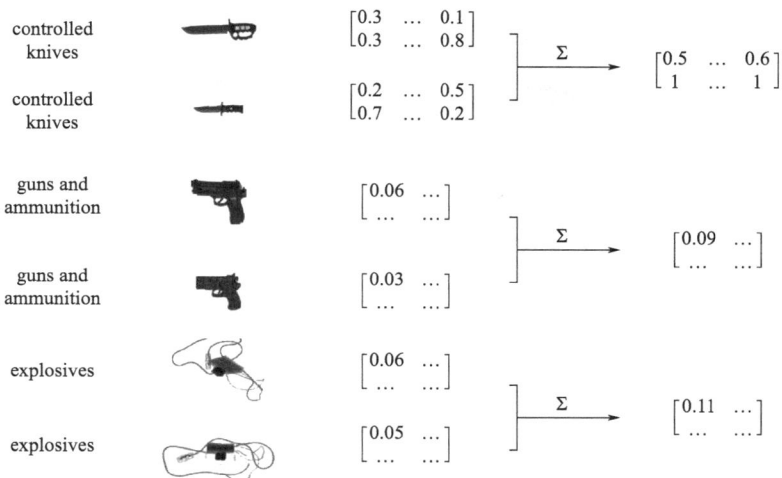

图4.46　各数据点的嵌入之和

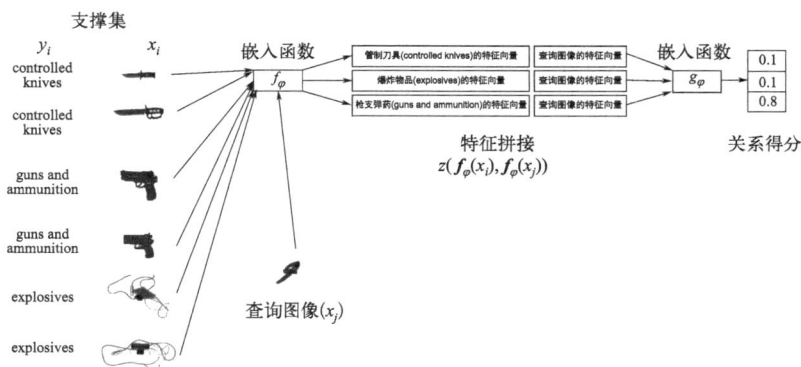

图4.47　关系网络示意图

4.2.5.3　匹配网络

匹配网络是谷歌 DeepMind 团队发布的另一种简单高效的单样

本学习算法。它甚至可以为数据集中未观察到的类生成标签。

假设有一个支撑集 S，包含 K 个样本 $(x_1, y_1), (x_2, y_2), (x_3, y_3), \cdots,$ (x_k, y_k)。当给定查询点 x（新的不可见示例）时，匹配网络通过将其与支撑集进行比较来预测 x 的类。

可将这一预测问题的类定义为 $p(\hat{y} \mid \hat{x}, S)$ 的求解。其中 p 为参数化神经网络，y 为查询点 x 的预测类，S 为支撑集。$p(\hat{y} \mid \hat{x}, S)$ 会返回属于 x 数据集中每个类的概率。然后，选择概率最大的类作为 x 的类。

查询点 x 的输出 y 的预测方法见式（4.23）。

$$\hat{y} = \sum_{i=1}^{k} \boldsymbol{\alpha}(\hat{x}, x_i) y_i \tag{4.23}$$

式中，x_i 与 y_i 分别是支撑集的输入和标签。$\hat{x}$ 是查询输入，目标是预测它的标签。$\boldsymbol{\alpha}$ 是 $\hat{x}$ 与 x_i 之间的注意力机制（attention mechanism），即 $\hat{x}$ 与 x_i 之间余弦距离的 softmax 值，即 $\boldsymbol{\alpha}(\hat{x}, x_i) =$ softmax$(\cos(\hat{x}, x_i))$。

因不能直接计算原始输入 $\hat{x}$ 与 x_i 之间的余弦距离，故首先学习它们的嵌入并计算嵌入之间的余弦距离。使用两种不同的嵌入 f 与 g，分别用于学习查询输入 $\hat{x}$ 和支撑集输入 x_i 的嵌入。因此，可以将注意力方程改写为式（4.24）。

$$\boldsymbol{\alpha}(\hat{x}, x_i) = \text{softmax}\left(\cos(f(\hat{x}), g(x_i))\right) \tag{4.24}$$

同样地，之前的方程可改写为式（4.25）。

$$\boldsymbol{\alpha}(\hat{x}, x_i) = \frac{e^{\cos(f(\hat{x}), g(x_i))}}{\sum_{j}^{k} e^{\cos(f(\hat{x}), g(x_i))}} \tag{4.25}$$

在计算了注意力矩阵 $\boldsymbol{\alpha}(\hat{x}, x_i)$ 后，用支撑集标签 y_i 乘以注意力

矩阵，得到 $\hat{y}$ 属于支撑集中每个类的概率，概率值最大的类即可作为 $\hat{y}$。

如图 4.48 所示，支撑集中有 3 个类 [管制刀具（controlled knives）、爆炸物品（explosives），以及枪支弹药（guns and ammunition）]。同时，我们有一个新的查询图像。首先，将支撑集输入嵌入函数 g，将查询图像输入嵌入函数 f，学习它们的嵌入并计算它们之间的余弦距离。其次，在这个余弦距离上用 *softmax* 注意力。再次，使用独热编码的支撑集标签乘以注意力矩阵，得到概率。最后，选择概率最高的类作为 $\hat{y}$，如图 4.48 所示，通过查询集图像可得类别为管制刀具（controlled knives）在索引 1 处有很高的概率，因此预测的类为 1【管制刀具（controlled knives）】。

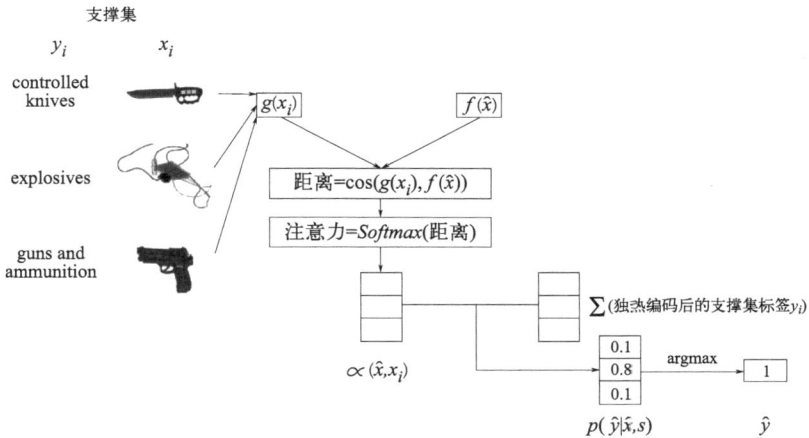

图 4.48　管制刀具查询示意图

匹配网络的总体流程如图 4.49 所示，它与我们已见过的图像不同。注意支撑集和查询集是如何分别通过嵌入函数 f 与 g 计算的。可以看到，嵌入函数 f 将查询集和支撑集的嵌入作为输入。

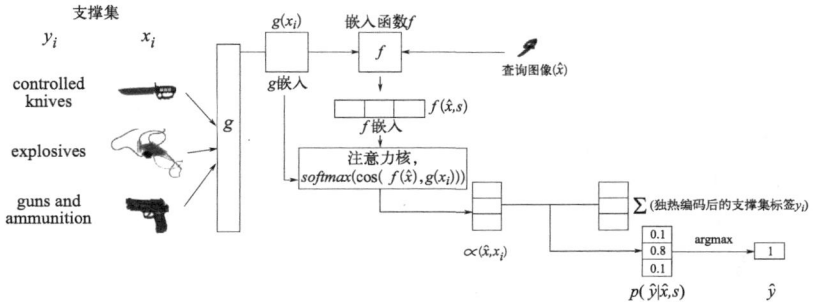

图4.49 匹配网络总体流程图

4.2.6 基于YOLOv4算法的违禁寄递物品识别方法

4.2.6.1 YOLOv4 模型简介

YOLO 算法主要解决了两阶段违禁寄递物品目标识别算法共同存在的缺点，具备快速的识别速度和高度精准的检测精度。YOLOv4 更是相对于前几个 YOLO 算法来说，有一个更为复杂的网络结构，并通过很多次的训练学习技术来提高精度。YOLOv4的组网结构如图 4.50 所示。

在最后的预测阶段，改进了损失函数。这是因为正常的交并比（intersection over union，IOU）没有办法直接简单地优化没有重叠的部分，所以将 IOU 改为 CIOU，可以让目标框更加有鲁棒性，不会出现训练过程中的发散等问题。CIOU 公式如下：

$$CIOU = IOU - \frac{\rho^2(b, b^{gt})}{c^2} - \alpha v \tag{4.26}$$

式中，$\rho^2(b, b^{gt})$ 代表了预测框和真实框的中心点的欧氏距离；c 代表的是能够同时包含预测框和真实框的最小闭包区域的对角线

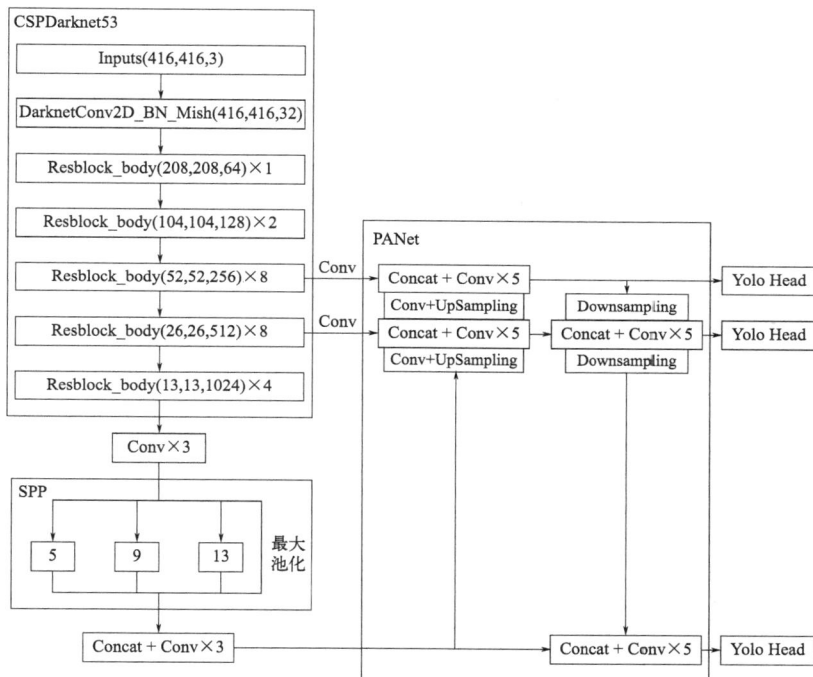

图4.50　YOLOv4网络结构

距离。而 α 和 v 的公式如下：

$$\alpha = \frac{v}{1 - \text{IOU} + v} \tag{4.27}$$

$$v = \frac{4}{\pi^2}(\arctan\frac{w^{gt}}{h^{gt}} - \arctan\frac{w}{h})^2 \tag{4.28}$$

相应的损失函数为：

$$Loss_{\text{CIOU}} = 1 - \text{IOU} + \frac{\rho^2(b, b^{gt})}{c^2} + \alpha v \tag{4.29}$$

4.2.6.2 输入端

YOLOv4 的输入端用于违禁寄递物品 X 射线图像的 Mosaic 数据增强方法借鉴 CutMix 数据增强方法，使得 Mosaic 的数据增强方法提升到了一定的理论相似性。CutMix 使用两幅违禁寄递物品 X 射线图像进行数据增强，而 Mosaic 使用四幅违禁寄递物品 X 射线图像进行数据增强，本书认为这在违禁寄递物品 X 射线图像被检测目标的背景方面占有极大的优先权利。同时，也可以对违禁寄递物品 X 射线图像数据集进行随机缩放和一般的数据增强，但是 Mosaic 增强训练可以直接计算违禁寄递物品四幅图像的数据，这样小批处理的大小不需要很大，GPU 可以达到更好的效果。

Mosaic 数据增强实现思路：

① 每次读取四张图片，如图 4.51 所示。

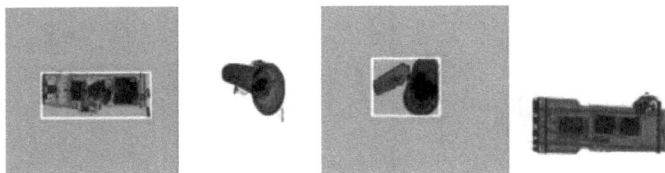

图4.51　随机读取四张图片

② 分别对四张违禁寄递物品 X 射线图片进行翻转、缩放、色域变化等，并且按照四个方向位置摆好，如图 4.52 所示。

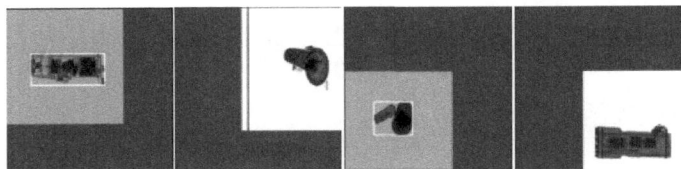

图4.52　处理图像

③ 进行图片的组合和框的组合，如图 4.53 所示。

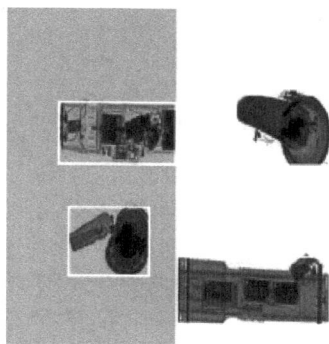

图4.53　运行结果

4.2.6.3　BackBone 主干网络

CSPDarknek53 是 Darknek 的改进版本，其中包含了 5 个 CSP 模块。因为有 5 个 CSP 模块，输入图像是 416×416，所以特征图变化的规律是 416—208—104—52—26—13。经过五个 CSP 模块处理后，得到 13×13 大小的特征图集，我们会得到 3 个有效特征层输出 13×13×1024、26×26×512、52×52×256 的特征层。

如图 4.54 所示，CSPDarknet53 主要由 CBM 模块和 CSP 模块构成。CBM 模块由卷积层（Conv）、批归一化层（batch normolization，BN）和 Mish 激活功能组成。CSP 模块包含两条支路，一条是主干部分的卷积，一条用来生成一个大的残差边，通过对两条支路的跨级拼接与通道整合增强 CNN 的学习能力。CSP 结构如图 4.55 所示，其中 CBL 模块由卷积层（Conv）、批归一化层（batch normolization，BN）和 Leaky ReLU 激活功能组成。而 CBM 是将 CBL 中的激活层变成了 Mish。

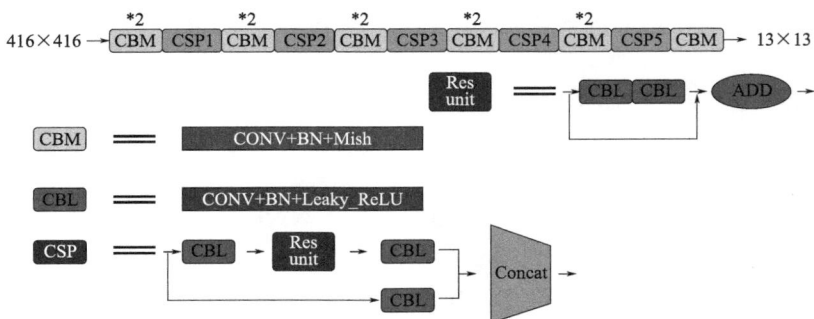

图4.54　CSPDarknek53结构

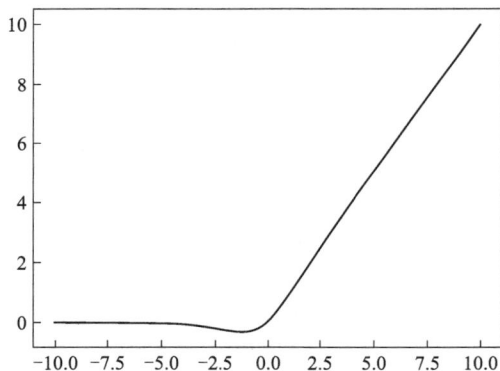

图4.55　Mish激活函数

　　使用 YOLOv4 算法的违禁寄递物品 X 射线图像识别的 Mish 激活函数是十分平滑并且十分适合应用在违禁寄递物品 X 射线图像识别的非单调激活函数，被定义为式（4.30）、式（4.31）所示的形式。

$$f(x)=x\tanh(\zeta(x)) \tag{4.30}$$

$$\zeta(x) = \ln(1 + e^x) \qquad (4.31)$$

违禁寄递物品 X 射线图像使用的 Mish 激活函数具有如图 4.55 所示的特点:

① 没有最上面的限制。这一特性有助于避免违禁寄递物品 X 射线图像识别梯度饱和,从而防止训练速度的快速下降,可以加速违禁寄递物品 X 射线图像模型的训练过程,还有助于违禁寄递物品 X 射线图像识别模型获得较好的正则化效果。

② 不是一直上升或者下降的函数。这一特性有助于违禁寄递物品 X 射线图像识别模型保持较小的负值,从而稳定网络梯度流。

③ 无限制的,没有间断点和连续性。Mish 激活函数是十分平滑的非单调激活函数,特别适用于违禁寄递物品 X 射线图像识别,有助于提高识别模型的泛化能力和识别质量。

YOLOv4 算法的违禁寄递物品 X 射线图像识别中使用 Mish 函数的原因是该函数具有复杂程度低、无间断、不是一直上升或者下降、没有最上面的限制、没有最下面的限制等特点,与其他经常使用的函数如 ReLU、Swish 相比,这个函数使违禁寄递物品 X 射线图像识别模型的性能有了很大的提高。

4.2.6.4　Neck

在违禁寄递物品 X 射线图像的目标检测领域,为了更好地提取违禁寄递物品 X 射线图像的融合特征,通常在 Backbone 层和 output 层中插入一些层,称为 Neck。对等的颈部违禁寄递物品 X 射线图像目标检测网络也是非常关键的。YOLOv4 的颈部结构主要采用 SPP (spatial pyramid pooling layer) 模块以及特征金字塔 (FPN) 和路径聚合网络 (PAN)。

在 YOLOv4 中,SPP 模块位于骨干网之后,修改了 SPP 以保持输出空间维度。最大池化适用于大小为 1×1、5×5、9×9 和 13×13 的卷积内核，空间维度得以保留，然后将不同内核大小的特征图（feature map）连接在一起作为输出，如图4.56所示。

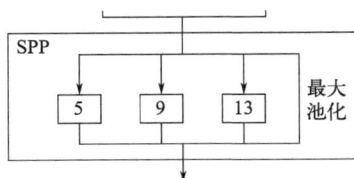

图4.56　本书SPP结构

4.2.6.5　余弦退火优化学习率

（1）余弦退火算法的背景

深层神经网络难训练是因为学习过程容易陷入马鞍面中，有一部分是在马鞍面的坡面下，有一部分在坡面上，并且随着数据集的训练模型不断地变化，一会儿上升，一会儿下降，不断地重复交替此过程。余弦退火优化学习率模型见图4.57，马鞍面上损失对参数的一阶导数为0，二阶导数的正负值不相同，由于梯度为0，模型无法进一步更新参数，因此模型训练容易陷入马鞍面中不再更新。

（2）余弦退火优化学习率的原理

学习率退火算法（cosine annealing），每个batch训练后学习率减小一点，当减小到规定值后学习率马上增大到初始值，循环该过程。每次训练后学习率衰减是因为随着模型的训练，参数需要调整的量越来越少，所以需要更小的学习率；而当模型训练一段时间后，可能陷入了马鞍面，梯度非常小，因此将学习率增大到初始值，希望用一个很大的学习率让参数有较大的更新，使模型冲出马鞍面。

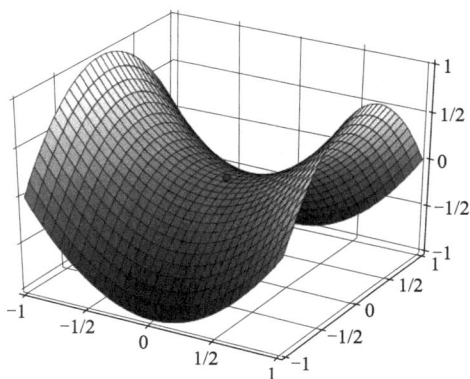

图4.57 余弦退火优化学习率模型

（3）余弦退火优化的衰减过程

余弦退火优化算法与传统的学习率不同，随着训练次数的增多，学习率先模拟余弦函数快速下降，再线性上升，不断重复该过程。传统的训练过程中学习率逐渐减小，模型逐渐寻找到局部最优点，模型会快速地往局部最优点移动，随着学习率的减小，模型最终收敛到一个全局最优点，而余弦退火优化的学习率急速下降，所以模型会迅速踏入局部最优点，并保存局部最优点的模型，然后开启热重启（warm restart），学习率重新恢复到一个较大值，逃离当前的局部最优点，并寻找新的最优点，周期性重复上述过程。主要算法过程如下：

① 输入：训练 epoch E_p（epoch 代表迭代的次数，迭代一次是一个 epoch）、训练批次 B_s、预热期 w、预先设置学习率 η_{base}、最大学习率 η_{max}、最小学习率 η_{min}、训练样本数 S_c。

② 输出：当前训练学习率 η_t。

③ 步骤：初始化总步长如式（4.32）所示。

$$Steps_{\text{total}} = (E_p \times S_c) / B_s \tag{4.32}$$

预热步长如式（4.33）所示。

$$Steps_{\text{warmup}} = (w \times S_c) / B_s \tag{4.33}$$

在每次重启之后执行：更新当前执行的步数 $Steps_{\text{global}}$，并记录当前学习率、更新学习率，如果 $Steps_{\text{global}} < Steps_{\text{warmup}}$，根据 $\eta_t = ((\eta_{\text{base}} - \eta_{\text{warmup}}) / Steps_{\text{warmup}}) \times Steps_{\text{global}} + \eta_{\text{warmup}}$ 计算线性增长的学习率 η_{warmup}。

其他：

根据式（4.34），计算余弦退火的学习率，如式（4.35）所示。

$$\eta_t = \frac{1}{2} \times \eta_{\text{base}} \times \cos\left(1 + \left(\pi \times \frac{(Steps_{\text{global}} - Steps_{\text{warmup}})}{Steps_{\text{total}} - Steps_{\text{warmup}}}\right)\right) \tag{4.34}$$

$$\eta_t = \min\left(\eta_t, \eta_{\min}()\right) \tag{4.35}$$

4.2.6.6　数据集与数据预处理

（1）数据集

国家邮政局、公安部、国家安全部联合发布《禁止寄递物品管理规定》的通告（以下简称《规定》），其中第三条指出违禁寄递物品主要包括：危害国家安全、扰乱社会秩序、破坏社会稳定的各类物品；危及寄递安全的爆炸性、易燃性、腐蚀性、毒害性、感染性、放射性等各类物品；法律、行政法规以及国务院和国务院有关部门规定禁止寄递的其他物品。

根据《规定》并且结合现实生活中的违禁寄递物品的现象，本书将主要研究管制刀具、爆炸物品，以及枪支弹药。

违禁寄递物品（图 4.58）主要指：管制刀具，即匕首、三棱刀、弹簧刀（跳刀）及其他相类似的单刃、双刃、三棱尖刀；爆炸物品，如鞭炮、彩药弹等由火药制作成的烟花爆竹，以及黑火药、烟火药、发令纸、炸弹或者引火线等；枪支（含不法分子对枪支的仿制品以及与枪有关的主要零部件），如手枪、步枪、冲锋枪、防暴枪、气枪、猎枪、发令枪、麻醉注射枪、具有特殊功能的钢珠枪、催泪枪等；弹药（含不法分子对弹药的仿制品），如冲锋枪/步枪的子弹、炸弹、手榴弹、火箭弹、照明弹、燃烧弹、烟幕（雾）弹、信号弹、催泪弹、毒气弹、地雷、炮弹、火药等。

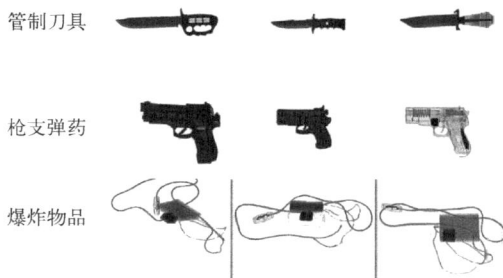

图4.58　本书研究的违禁寄递物品示意图

本实验所使用的数据集共有 459 张包含三类违禁寄递物品的 X 射线图像。数据集共有管制刀具（controlled knives）、爆炸物品（explosives），以及枪支弹药（guns and ammunition）三类违禁寄递物品目标。在进行训练前对训练集中每类目标样本数量进行统计以观测样本分布，统计结果如表 4.11 所示。

表4.11　训练集每类目标样本统计结果

违禁寄递物品	样本数量
controlled knives	183
explosives	84
guns and ammunition	192

（2）数据集标注

深度学习算法研究中，会用到各种研究的违禁寄递物品 X 射线图像的数据集，很多都是开源的违禁寄递物品 X 射线图像数据集，但是在研究的过程中常常会自己建立违禁寄递物品数据集来训练或者测试自己的深度学习算法。开源的违禁寄递物品 X 射线图像数据集一般都来自欧美等，拿到中国来有不适应我国研究人员的习性的可能性，比如国内的运行环境不是外国人可以理解的。如果要建立自己的违禁寄递物品 X 射线图像的数据集，除了需要创造出一个环境采集一些违禁寄递物品 X 射线图像的数据，对违禁寄递物品 X 射线图片的标注是必不可少的。

谈数据标注是什么之前，首先来了解一下什么是数据。如果把基于传统的工业人工制造智能信息技术比作一个金字塔，站在最顶端的可能就是基于传统的工业人工制造智能信息技术和商业应用（如无人驾驶汽车、机器人等），而最底端则是传统大数据和云服务。人工智能的最终目标是使计算机能够模拟人的思维方式和行为。若人工智能想要真正达到这个目的，就需要大量优质的培训和学习数据，这样才能够通过人工智能学习模型，从而建立起更好的模型，变得越来越智能化。所以简单地说，数据的标注就是利用自动化的工具，通过对收集到的数据进行分类、绘制图案、注释等，将其中所有数据都进行标记并组装起来，从而形成一个可以提供计算机自动识别和分析的高质量数据。

一般来说，一种类型的图片知识需要 100 张图片以上，图片越多识别越准，本实验所用的训练集共有 385 张包含三类违禁寄递物品的 X 射线图片，使用 LabelImg 批量标注图片，对 385 张图片进行一一标注，如图 4.59 所示。

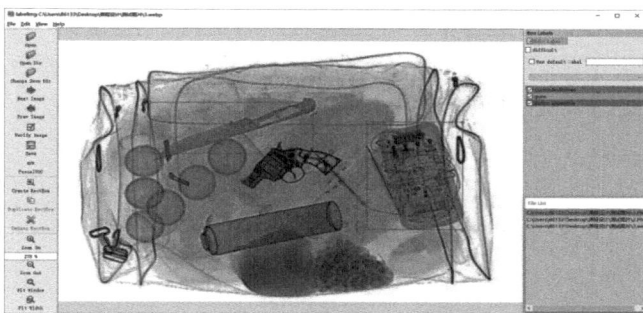

图 4.59　数据集标注

4.2.6.7　实验分析

（1）环境配置

在 Tensorflow 机器学习框架下建立传统 CNN 违禁寄递物品识别方法的运行环境如下：

Anacoda 版本：Anaconda3（64 位）；

语言包：Python、Tensorflow2 等。

（2）图像预处理

如图 4.60 所示，以其为例，对其进行图像预处理。

图 4.60　管制刀具

① 将图像转变为计算机能够读懂的语言，利用颜色区间范围在 0 ~ 256 之间的原理，将图像的每个像素点分为三原色的不同数值，如图 4.61 所示。

```
In [1]: import cv2
        import matplotlib.pyplot as plt
        import numpy as np
        %matplotlib inline
        img = cv2.imread('Controlled knives-001-3.png')
        img
Out[1]: array([[[254, 254, 254],
                [254, 254, 254],
                [254, 254, 254],
                ...,
                [254, 254, 254],
                [254, 254, 254],
                [254, 254, 254]],

               [[254, 254, 254],
                [254, 254, 254],
                [254, 254, 254],
                ...,
                [254, 254, 254],
                [254, 254, 254],
                [254, 254, 254]],

               [[254, 254, 254],
                [254, 254, 254],
                [254, 254, 254],
                ...,
                [254, 254, 254],
```

图 4.61　转换图片

② 读取图片像素大小，如图 4.62 所示。

```
In [32]: cv2.imshow('image',img)
         cv2.waitKey(0)
         cv2.destroyAllWindows()

In [33]: def cv_show(name,img):
             cv2.imshow(name,img)
             cv2.waitKey(0)
             cv2.destroyAllWindows()

In [34]: img.shape
Out[34]: (297, 400, 3)
```

图 4.62　显示图像大小

③ 转化为灰度图，并显示各个像素点的数值，灰度图显示如图 4.63 所示，数值点如图 4.64 所示。

图4.63　灰度图

```
In [35]: img=cv2.imread('Controlled knives-001-3.png',cv2.IMREAD_GRAYSCALE)#灰度图
         img
Out[35]: array([[254, 254, 254, ..., 254, 254, 254],
                [254, 254, 254, ..., 254, 254, 254],
                [254, 254, 254, ..., 254, 254, 254],
                ...,
                [255, 255, 255, ..., 255, 255, 255],
                [253, 253, 253, ..., 253, 253, 253],
                [249, 249, 249, ..., 249, 249, 249]], dtype=uint8)
```

图4.64　灰度图数值

（3）运行结果

训练模型后，显示出模型的损失函数值和准确度，损失函数值到最后训练时达到 1.67 左右，准确度也达到 45% 左右，如图 4.65 所示。

```
当前为第0 / 10000次训练， 损失函数值为2.350388, 准确度为0.129460
当前为第1000 / 10000次训练， 损失函数值为2.160737, 准确度为0.174420
当前为第2000 / 10000次训练， 损失函数值为2.093373, 准确度为0.199640
当前为第3000 / 10000次训练， 损失函数值为1.998343, 准确度为0.264320
当前为第4000 / 10000次训练， 损失函数值为1.847152, 准确度为0.336400
当前为第5000 / 10000次训练， 损失函数值为1.826592, 准确度为0.367720
当前为第6000 / 10000次训练， 损失函数值为1.824900, 准确度为0.370140
当前为第7000 / 10000次训练， 损失函数值为1.770012, 准确度为0.413080
当前为第8000 / 10000次训练， 损失函数值为1.715000, 准确度为0.441600
当前为第9000 / 10000次训练， 损失函数值为1.674026, 准确度为0.448100
```

图4.65　模型训练结果

如图 4.66 所示，损失函数值是不断下降的。

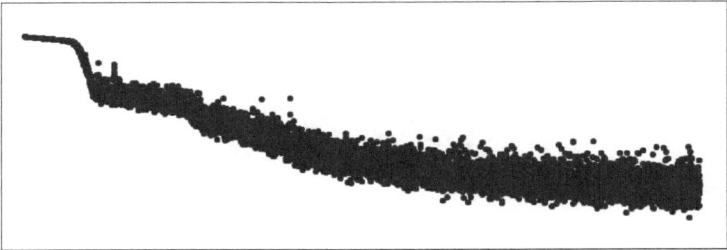

图4.66　损失函数值

如图 4.67 所示，训练集上的准确度是不断上升的。

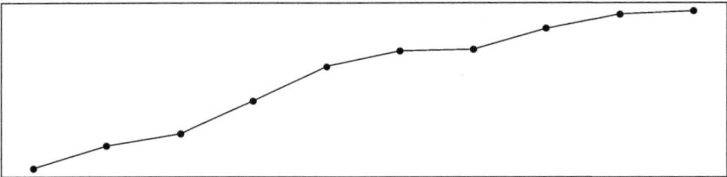

图4.67　训练集上准确度

如图 4.68 所示，在验证集上的准确度也是不断上升的。

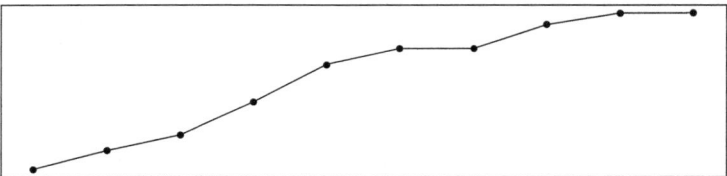

图4.68　验证集上准确度

参考文献

[1] 张涛.基于视频的场景分析和异常行为识别[D].上海：上海交通大学，2016.

[2] 尹志成.基于视频的人体异常行为识别技术研究[D].长春：长春理工大学，2020.

[3] 董莹荷，胡国胜.视频监控系统中异常行为检测与识别[J].机械设计与制造工程，2020，49(03)：66-70.

[4] Maher M. A robust multiclass 3D object recognition based on modern YOLO deep learning algorithms[J]. Concurrency and Computation：Practice and Experience，2021，34(1).

[5] Jiang Xiangkui，Hu Haochang，Liu Xun，et al. A smoking behavior detection method based on the YOLOv5 network[J]. Journal of Physics：Conference Series，2022，2232(1).

[6] Han K，Wang Y，Tian Q，et al. Ghostnet：More features from cheap operations[C]//Proceedings of the IEEE/CVF conference on computer vision and pattern recognition. 2020：1580-1589.

[7] Goodfellow I，Pouget-Abadie J，Mirza M，et al. Generative adversarial nets[J]. Advances in neural information processing systems，2014，27.

[8] Hu J，Shen L，Sun G. Squeeze-and-excitation networks[C]//Proceedings of the IEEE conference on computer vision and pattern recognition. 2018：7132-7141.

[9] REZATOFIGHI H，TSOI N，GWAK J Y，et al. Generalized Intersection Over Union：A Metric and a Loss for Bounding Box Regression[C]// 2019 IEEE/CVF Conference on Computer Vision and Pattern Recognition(CVPR). IEEE，2019：658-666.

[10] Zheng Z，Wang P，Liu W，et al.Distance-IoU Loss：Faster and Better Learning for Bounding Box Regression[J].arXiv，2019.

[11] BIGC229.2022. Beijing Institute of Graphic Communication[EB/OL].https://github.com/BIGC-229/A-data-set-used-to-identify-the-compound-action-of-illegal-operations/releases/tag/BIGC-229%2FA-data-set-used-to-identify-the-compound-action-of-illegal-operations.

[12] REDMON J, FARHADI A. Yolov3: An Incremental Improvement[C]// IEEE Conference on Computer Vision and Pattern Recognition, 2018, arXiv: 1804.0276.

[13] He K, Zhang X, Ren S, et al. Spatial pyramid pooling in deep convolutional networks for visual recognition[J]. IEEE transactions on pattern analysis and machine intelligence, 2015, 37(9): 1904-1916.

[14] Ge Z, Liu S, Wang F, et al. Yolox: Exceeding yolo series in 2021[J]. arXiv preprint arXiv: 2107.08430, 2021.

[15] LIU W, ANGUELOV D, ERHAN D, et al. SSD: Single Shot MultiBox Detector[C]//Proceedings of European Conference on Computer Vision. Heidelberg: Springer, 2016: 21-37.

[16] Hospedales Timothy M, Antoniou Antreas, Micaelli Paul, et al. Meta-Learning in Neural Networks: A Survey.[J]. IEEE transactions on pattern analysis and machine intelligence, 2021, PP.

[17] Zhu Z Y, Lu S J, Lu Y. A few-shot segmentation method for prohibited item inspection[J].Journal of X-ray science and technology, 2021.

[18] 朱应钊, 李嫚.元学习研究综述[J].电信科学, 2021, 37(01): 22-31.

[19] Mery Domingo, Svec Erick, Arias Marco.Modern Computer Vision Techniques for X-Ray Testing in Baggage Inspection.IEEE TRANSACTIONS ON SYSTEMS MAN CYBERNETICS-SYSTEMS. APR 2017, 47(4): 682-692.

[20] 杨培伟, 周余红, 邢岗, 等.卷积神经网络在生物医学图像上的应用进展[J].计算机工程与应用, 2021, 57(7): 15.

[21] Jia S, Jiang S, Lin Z, et al.A Survey: Deep Learning for Hyperspectral Image Classification with Few Labeled Samples[J].Neurocomputing, 2021.

[22] 李卫. 深度学习在图像识别中的研究及应用[D].武汉: 武汉理工大学, 2014.

[23] Geng R, Li B, Li Y, et al.Induction Networks for Few-Shot Text Classification[J]. 2019.DOI: 10.48550/arXiv.1902.10482.

[24] 周杭驰. 基于深度学习的图像分类标注研究[D].西安: 西安科技大学, 2020.

[25] Li X, Zhu R, Ye H, et al.MetaInjury: Meta-learning framework for

reusing the risk knowledge of different construction accidents[J].Safety Science, 2021, 140: 105315.

[26] 李永春. 多标签数据流中新标签发现及其增量学习问题研究[D].南京: 南京大学, 2018.

[27] Sun Y P, Zhang M L.Compositional metric learning for multi-label classification[J].Frontiers of Computer Science(print), 2021, 15(5).

[28] 王庆凤. 基于多语义任务与多标签增量学习的胸部影像辅助诊断方法研究[D].合肥: 中国科学技术大学, 2019.

[29] 蒋俊钊. 基于标签相关性与协同训练的卷积神经网络车辆识别算法[D]. 广州: 广东工业大学, 2018.

[30] 陈旭阳. 深度学习图像识别模型的优化及应用[D].重庆: 重庆大学, 2017.

[31] 王艺皓, 丁洪伟, 李波, 杨志军, 杨俊东.复杂场景下基于改进YOLOv3 的口罩佩戴检测算法[J].计算机工程, 2020, 46(11): 12-22.

[32] 张宝燕.基于深度学习模型的图像识别应用研究[J].山西电子技术, 2020(06): 87-89, 93.

[33] Visser W, Schwaninger A, Hardmeier D, et al. Automated comparison of X-ray images for cargo scanning[C].IEEE International Carnahan Conference on Security Technology. IEEE, 2017.

[34] 程锦甫, 张万贺.深度学习在图像识别中的研究及应用[J].电子世界, 2020(19): 48-49.

[35] 罗曦.浅谈深度学习在图像识别领域的应用现状与优势[J].科技资讯, 2020, 18(03): 21-22.

第5章

总结与展望

本章主要对本书已完成的工作进行总结与展望，并说明未来的工作重点和研究方向。以下将从本书的主要工作与结论和未来展望两个方面分别进行总结。

5.1
主要工作与结论

本书的主要工作和结论可以总结为以下几点。

① 梳理了快递物流行业相关法规、标准和文献，结合研究中对快递企业的走访、调研，总结归纳了三种典型的暴力分拣行为：跌落、抛扔和足踢。跌落主要发生在装卸环节，抛扔主要发生在搬运、分拣环节，足踢主要发生在末端配送网点。大多数快递从业人员不具备专业知识仅凭借经验分拣，从而导致暴力分拣；物流行业市场竞争大，人员冗杂，且管理难度大；快递行业自动化、机械化、智能化程度不够导致分拣水平相对较低，这无疑会对快递行业的发展起到阻碍作用，而这也更加体现出物流安全检测技术的迫切性、实际性。

② 在本书中提出了一种基于加速度传感器和深度学习的快递暴力分拣行为检测识别方法，并根据该方法设计并实现了一整套快递暴力分拣行为检测识别系统。利用搭载三轴加速度传感器的数据采集终端实时采集快递包裹的三轴加速度状态数据，在数据采集终端上执行潜在异常数据截取算法，从而截取出潜在异常加速度数据段保存于数据采集终端的 SD 卡内并上传至云服务器。在服务器端对潜在异常数据段执行加窗、传统特征提取、规范化和时间窗数量对齐操作，得到规范化的三维传统特征矩阵。此矩阵

被送入带有 CDCE 通道注意力模块的 CNN-GRU 融合识别模型中进行识别，最终将识别出的物流操作类型与数据采集的时间、地点、承运信息等基础物流信息匹配，录入数据库中供用户查询。本书中为快递暴力分拣行为检测识别系统设计了一套完整的快递暴力分拣行为智能识别算法。该算法包括数据截取及压缩表达和模式识别两个主要步骤。在数据截取及压缩表达过程中，首先截取出潜在异常快递包裹三轴加速度数据段，并对截取出的潜在异常快递包裹三轴加速度数据段加时间窗；然后提取窗内数据的 7 种传统特征（均值、方差、峰度、偏态、动态范围、能量和过零率）并进行规范化和时间窗数量的对齐，得到形如 3 轴 ×50 时间窗 ×7 种特征的三维传统特征矩阵以实现数据压缩；最后将规范化的传统特征矩阵作为模式识别模型的输入。模式识别算法基于本书提出的带有 CDCE 通道注意力模块的 CNN-GRU 融合识别模型，根据其层次化结构，分别利用 CDCE 模块对规范化的三维传统特征矩阵通道间的抽象关系，利用 CNN 对时间窗内三轴数据间的抽象关系，利用 GRU 对时间窗之间的抽象关系进行特征再提取，最终得到识别结果。

③ 针对快递物流行业的暴力分拣乱象，本书中系统地提出了基于 YOLOv5 智能算法进行快递暴力分拣行为辨识，同时针对具体的应用场景，设计了一个快递暴力分拣行为识别系统，旨在使操作高效化、简易化。然后概述了卷积神经网络的特点、作用及发展历程，重点叙述了 YOLOv5 的发展历程、参数计算以及性能指标计算方式，对比分析了关于 YOLOv5 的四个模型的性能，阐述了关于 YOLOv5 数据增强的方法，设计了基于 YOLOv5 的"智慧云视"物流环境安全监测系统，进行了系统开发的可行性分析和系统功能逻辑与页面设计，推进本研究成果更好地落地实施，服务于更多、更复杂的现实快递物流分拣领域。

④ 针对违禁寄递物品的检测和识别这一关键问题，本书中系

统地对违禁寄递物品检测和识别方法进行了研究，在了解违禁寄递物品的小样本、多标签的特性前提下，通过两种方法进行对比，最后总结出一种基于深度学习的违禁寄递物品检测识别方法，并在该方法基础上设计并实现了一整套违禁寄递物品检测识别系统。对于存在违禁品的图像中背景复杂、图像重叠、尺度多样化等问题的特点，选取深度学习方法中的 YOLOv4 模型搭建了一种自动识别 X 射线图像中违禁品的系统，借助金字塔池化、余弦退火优化学习率等方法对数据集增强处理，得到很好的检测正确率。

⑤ 将本书中提出的快递暴力分拣行为智能识别方法应用于快递实际寄递中，展示了具有代表性的实际寄递案例，进一步证明了物流安全检测方法的实用性，并结合实际寄递测试中发现的一些问题，讨论了当前研究的局限性和改进方向。

5.2

未来工作展望

本书在研究快递暴力分拣行为检测识别问题上取得了一定成果，然而在研究过程中也发现了一些工作依然存在考虑不周之处，在方法和系统投入大规模实际应用前，这些问题需要得到解决。以下将从理论研究、算法研究和应用研究三个层面对未来研究工作的重点进行说明。

（1）理论研究层面

需要进一步对模式识别模型进行研究，在提升识别模型准确性、鲁棒性和效率的同时，考虑是否可以将识别模型移植到数据采集终端上实现边缘计算。

在获取充分的快递暴力分拣行为检测大数据后，建立数据与决策之间匹配关系的专家系统，利用专家系统直接给出企业运营层面的决策指导，这也是一个有意义的研究内容。

（2）算法研究层面

需要进一步进行目标检测相关理论和算法的研究，考虑采用更为轻量化的模型降低对于硬件资源的依赖，实现更为有效的目标动作检测。

通过模型修剪与模型轻量化的方式在识别精度合理阈值范围内最大限度地提升识别速度，从而实现模型在嵌入式系统中运行，推动科研成果更好地向实际场景的应用转化。

（3）应用研究层面

首先，在实际应用中，数据采集终端如果需要频繁充电则将严重限制方法和系统的推广使用，因此数据采集终端如何进一步提升连续工作时长是应用层面的重要研究方向。可以通过两个方面对数据采集终端进行优化：其一，从硬件设计角度进行深入优化，包括采用低功耗元器件、优化电源管理方案、在保证寄递安全前提下适当增大电源容量等；其二，尝试设计基于振动能量收集的自供电装置，并将自供电装置与数据采集终端进行集成从而延长设备连续工作时长。

实际应用中运行此套系统是否能够降低违禁寄递物品的运输并且是否影响物流运输速度还需要在实际应用中检验。其次，数据采集终端还需要进一步小型化、轻量化，以便于其在实际寄递环境下的安装。同时，随着快递循环包装研究和应用的逐步推进，将数据采集终端整合到快递循环包装上并与 RFID 包裹身份认证标签、智能锁等集成为快递智能包装也是具有极大研究价值的内容。

本书的后续工作将在现有基础上继续丰富应用场景如汽车胎压监测等，优化能量收集器的结构，加宽响应频带，提升能量转化效率。此外，能量管理电路的优化集成及其与系统其他模块根据实际采集需求的能源消耗方法研究也是后续工作。最后，还需要将更多实际寄递测试的工程数据补充到本书中部分章节提出的数据集中，从而支撑后续的研究拓展。

物流行业的发展、物流理论的创新都极大地提升了人民的生活质量，也为交通运输行业迈向高质量、高层次水平提供了坚实的保障。物流与交通运输的最大区别在于物流里具备时间控制、空间控制的概念。物流在时间上拥有刚性要求，这也是冷链物流、应急物流诞生的原因，此外绿色物流、逆向物流和废弃物物流是近年来为响应国家"五位一体"总布局中的"生态文明建设"而提出的。在以后研究中，也更应该在物流管理观念、物流服务、物流时间上进行进一步研究，因为物流不同于交通运输行业只注重实物流动，在物流过程中也同时拥有资金流、信息流，其中，资金流可以反映出当前物流活动所创造的价值，即经济效用，信息流则可以体现出在市场这个"看不见的手"中的物流评价。